O, flexamina atque omnium regina rerum, oratio

Francisco Marcos Herrero

EL VIEJO Y LA TIERRA

*

Primer premio de novela
Manuel Díaz Luis

Editorial LEDORIA
J M R

I.S.B.N.: 978-84-95690-48-7
Depósito Legal: GR-794-2010

Segunda edición: marzo 2010

* Calle del Conde de Casal, núm.47
Las Ventas con Peña Aguilera (Toledo)
* Calle de la Fuente del Moro, núm. 6,
Toledo, 45006
Teléfono: 925 25 13 81
www.editorial-ledoria.com
Correo electrónico de contacto editorial: info@editorial-ledoria.com
Correo electrónico de contacto autor: franciscomarcosh@gmail.com

Ilustración de la cubierta: Gabriel Martín Roig
Diseño de la cubierta: Equipo de Editorial Ledoria
Foto de la solapa: Florentino Cabanillas

Siendo adolescente le pregunté a mi padre, que era maestro:

—¿Qué debo hacer para escribir una novela en primera persona?

—Te citaré las dos pujanzas que descuellan sobre las demás: el narrador ha de utilizar su propio lenguaje y sus modos de exposición. Así vaciará el alma. Si interfieres en tales menesteres y esmeros, la novela será baldía. Otras cuestiones hay que ya veremos a su debido tiempo.

Mi madre estaba presente y, sin saber nada de esto, asentía con la cabeza.

Dedico a mis padres este pequeño quehacer, no sólo por la lección de adolescencia de antaño sino por el amor que siempre vertieron en mí.

Prólogo
a la primera edición

Todos los viejos miran amorosos y temerosos hacia la tierra, puesto que ella va a ser su morada definitiva en un tiempo más o menos cercano. Pero el protagonista de esta novela no sólo la contempla con esa doble percepción, sino que casi se fusiona con ella, tanto por ser hombre del ámbito rural como por ser el relato una rememembranza y un soliloquio con su mujer.

A nuestro viejo le embarga la fatal resignación o la resignada fatalidad de los que han vivido mucho y esperan poco. Hay mucho sentido del *fatum* latino en quienes más que débiles se sienten debilitados por los años. Mucho hay de tragedia griega, aunque sin coturno ni clámide ni máscara, antes bien con descarnada sobriedad, con lacónica brevedad y con acertado comedimiento en esta novela. La solidez y la austeridad del mundo rural se trasvasan a la forma narrativa, a las descripciones y al diálogo o tal vez sean las bien sujetas bridas de la exposición y el desarrollo del tema las que imponen el recio y sereno galope. Todo acontece con pasmosa naturalidad, como resultan naturales el sol o la hierba, con la diferencia de que en estas páginas el sol es el corazón o el motor de los sentimientos y la hierba es el enmarañado matorral de los instintos. Sin embargo, los sentimientos de nuestros personajes no deslumbran ni queman, sino que sus rayos están tamizados por el quehacer y los afanes vulgares, así como los matojos van creciendo en silencio dentro de la tierra de cada uno. Hasta que un día los cristales que servían de tamiz desaparecen y el sol fulmina a un buen hombre, que es ya un desvalido viejo, y el herbazal se ha espesado tanto que asfixia el metafórico suelo en el que el anciano había edificado sus mejores recuerdos y sus más nobles sueños, es decir, sus más ínclitas posesiones, pues le arrebatan su tesoro íntimo y los bienes acumulados en su espíritu.

Francisco Marcos Herrero mantiene en esta novela los notables logros de sus títulos anteriores, aunque ahora da una gran zancada en el aspecto formal de la narración. En las novelas precedentes refulgía el mismo portentoso lenguaje, la sobreabundancia de vida, el vigoroso trazado humano de los personajes, la visión plástica de las situaciones y la atmósfera ambiental gravitando con singular peso sobre los moradores de su mundo de ficción. La vida desbordante define sustancialmente al verdadero novelista, pero tal cualidad comporta también una mayor o menor dosis de caos o descontrol, exactamente como acaece en nuestra existencia. En *El viejo y la tierra* la riqueza, sabor y colorido del lenguaje siguen siendo pasmosos, los personajes rezuman verdad humana por los cuatro costados, el ambiente y las situaciones forman y conforman personas y conductas y chorrea igual la vida, si bien este chorro está disciplinadamente encauzado por un formidable ejercicio de contención y así esta sobria y simple canalización permite deslizarse sin obstáculos la poderosa agua y potenciar sus efectos.

Estamos, pues, ante una novela modélica en todos los sentidos y de un modo particular en el de concepción, estructura y despliegue de la novela corta, que de ninguna manera es una novela con menos páginas de las habituales, como algunos pudieran suponer, sino un género propio y con unas leyes propias. Novela corta es concentración argumental y, por ende, carencia de episodios secundarios o divergentes. Novela corta es unidad de tiempo o de lugar o de acción. Novela corta es economía de medios expresivos. Novela corta es, con evidente exageración, pero por ahí se anda la cosa, esquematismo o, si se quiere, croquis, en el que está todo, y muy claro, y con sugestivo perfil, un croquis rellenado de vida que acaba siendo la casa entera y completa. En *El viejo y la tierra* todo avanza con sumo talento narrativo y perfectamente delineado a una espléndida sorpresa final, pero la esplendidez literaria y humana arranca ya desde las primeras líneas. Como debe ser.

Francisco Marcos Herrero demuestra ser con esta obra y con su conjunto quehacer novelístico un viejo conocedor de los seres humanos y un sabio dominador de la difícil y agreste tierra que toda novela es.

JOSÉ CAROL
(Novelista y crítico literario)

Prólogo
a la segunda edición

Conocí a Francisco Marcos en el Palacio de Montjuïc, cuando en el Cincuenta Aniversario de los *Premios Planeta* fuimos invitados a la cena de gala, por encontrarse nuestros manuscritos entre los diez finalistas sobre los que habría de fallar el jurado. Desde entonces compartimos letras y amistad.

Aquel encuentro me permitiría conocer, a través de su obra, a un gran creador. *Amores peregrinos, Échenle un capote al asunto, El viejo y la tierra, Adela y yo...* Cada una de sus obras, y todas en su conjunto, me han descubierto a un autor sólido en sus planteamientos, maduro en sus modos, preciso en el lenguaje.

Su introspección profunda, el análisis sicológico de unos personajes complejos seleccionados con maestría; su integridad a la hora de plantearse la disyuntiva entre ser fiel a su *modo* de hacer o dejarse llevar por las *modas;* sus inteligentes juegos conceptuales, que amalgaman la prosa brillante con la sutileza de su ingenio; esa profusión de lenguaje, donde cada palabra ha sido elegida con acierto y destila sugerencias y matices, y, sobre todo, la pasión con la que vive el fenómeno creador, convierten a Francisco Marcos en un orfebre de las letras. Yo diría que, al igual que el artesano en el damasquinado, incrusta en su obra finos hilos de oro y plata que la convierten en pieza única y valiosa.

Y eso es *El viejo y la tierra:* una pieza única en la que la riqueza de sus materiales se hace patente desde la primera página. En esta novela, extraordinario monólogo en el que se desbordan el sentimiento y la memoria, sorprende el contraste entre la lucidez de la mente, que ha permanecido inalterable al paso del tiempo, y la decrepitud de un cuerpo gastado, que apoya su cansancio en un báculo y una silla, su única compañía tangible.

El viejo y la tierra es una novela para disfrutar con el recuerdo gozoso de quien revive el ayer y, en él, vuelve a estar vivo; para conocer la hondura de la vida sencilla; para descubrir la grandiosidad de la naturaleza; para degustar la justeza y la sabiduría de las palabras que guardan la filosofía de toda una existencia.

Gozos, nostalgias, pesadumbres, anhelos, sueños, añoranzas, dolor, desencanto, soledad y abandono, saltan como peces a la superficie del recuerdo. «Recordar», en la voz del narrador, «es un vicio de la memoria que enhebra la aguja y zurce el presente como si fuera un calcetín roto».

Y así es como el *viejo* protagonista de la novela de Francisco Marcos va y viene en el recuerdo del pasado que conformó su vida; porque el recuerdo es lo único que el tiempo no ha logrado destruir.

CONSOLACIÓN GONZÁLEZ RICO
(Escritora)

Sobre la tierra amarga,
caminos tiene el sueño
laberínticos, sendas tortuosas,
parques en flor y en sombra y en silencio;
criptas hondas, escalas sobre estrellas;
retablo de esperanzas y recuerdos.
Figurillas que pasan y sonríen
—juguetes melancólicos de viejo—
imágenes amigas,
a la vuelta florida del sendero,
y quimeras rosadas
que hacen camino... lejos...

ANTONIO MACHADO

La víspera

También tiene pelotas la cosa, que por quedarme mirando como un memo los cuarterones de la ventana se me encharquen los ojos de mala manera, estando por fuera más seco que la piel de un bastardo y con la sangre más espesa que el chocolate. Por si fuera poco me pinga la moca y supongo que en esta chaqueta de pana, la nueva, no me dejaste metido moquero antes de irte. Y eso que eras tan cuidadosa y estabas en lo que debías. De todos modos lo hubieras puesto en el bolso derecho, porque, siendo zurdo como soy, siempre llevaba y llevo la cayada de la izquierda; así que estando del diestro no me hubiera servido, pues el brazo, hace de ello media docena de años, se quedó mustio al principio, después flojo, luego un poco pendolón y por fin tieso, con la mano abierta y los dedos apuntando al suelo.

El caso es que los postigos tienen un qué muy hondo en el recuerdo, en especial de aquellas noches de primavera, que, en cuanto nos metíamos en la cama, la luna fisgoneaba por las rendijas como una corneja los revolcones que nos pegábamos, y el sol, al amanecer, muy envidioso del feliz regocijo, nos espetaba en la cara un manojuelo de hebras calientes; y qué decir del viento, cómo te hacía estornudar en el momento menos oportuno, el asunto en camino, es decir, los cuerpos en medio de la entrega, la mente nublada por aquella ventura celestial escarbándonos las carnes, Dios consintiéndolo todo, un Dios de los que entienden su obra y dan permiso porque los placeres tengan su ocasión.

Era cosa rica, vaya que sí, y el viento un envidioso sin hembra, el sol un solterón calenturiento y la luna vistiendo santos por la eternidad. Había que ver cómo nos buscaban por amolarnos, de qué manera tan descarada se rompían de ganas descubriéndonos tan enteros, tan cumplidores de la vida, sin apartarnos ni un instante de las oportunidades que nos venían.

A veces pienso, Encarna, que hemos sido importantes, que los años nos descuajaringaron, que las tormentas del tiempo nublaron nuestros días y, por seguro, quedan pocos rincones guapos que enseñar. Ninguno, ya ves, sólo brozas, una boca sin dientes, unos hombros caídos, unos ojos ruines arrojados dentro de cuencos que llegan al cogote, el descuido de una bragueta abierta de par en par, sin abotonar, y la pobreza de un orín, amarillento y recio, que se escurre a lo tonto pernera abajo sin control. Huele uno a media legua y los perros, las moscas, las avispas y otros bichos abusones tienen que acercarse a ver si sacan algo en limpio de esta mierda. Pero lo que no se enseña tiene la enjundia de los años, y esos lugares son tan hondos que no hay animalucho que llegue a chuparlos con su asquerosa lengua o con su pico sucio. Siendo así, pienso que no es malo lo que es propio. Tú me entiendes.

Tengo ya una tinaja de años en el cuerpo, y te llevo siete. Así que anduve de rondón el día que naciste, metí el oído en los gritos de tu madre, Leocadia, que alborotaba de modo escandaloso, tanto que los pájaros no paraban en los nidos. No sé si por los berridos o porque a los pobres animales les tocaba el tiempo del peregrinaje a las tierras de abajo, la cuestión es que muchos, entre ellos las golondrinas, a la mañana siguiente ya no mosquiteaban, y los caganiches, los fínfanos y otros cínifes campeaban por las calles en grupo como aviones que anduvieran de reconocimiento.

Te parió la madre con sobrado dolor, no hay que ponerlo en duda, y aunque yo no sabía de esos trances (no tuve ni hermano grande ni chico con quien compartir aprendizajes), los que husmeaban el suceso conmigo conjeturaron que, siendo primeriza, la cosa resultaba mucho más jodida de lo que podía suponerse, pues la hembra, en tal suerte, va escasa de salida, diferente si cumpliera el quehacer del quinto, digamos por traer a colación un ejemplo, en cuyo trance el cuerpo, que es un animal que aprende, se hubiera hecho ya a las medidas y cumplido su oficio como Dios, esto es, como Dios manda. Y no desvariaban ni así los que soltaron semejantes explicaciones, porque al verte a la mañana siguiente en compañía de mi madre pensé que habías salido muy forzada: tenías la cabeza de la forma de un nabo del revés y los pelos no eran sino las raicillas del mismo, pues seguramente porque rebañara más gracia a tu gesto, que era pellejudo, te atusaron la pelambrera estirándola a más no poder a manera de cresta; y como todavía los pelillos eran muy endebles, en el tiempo que estuve allí se derramaron por las puntas, hasta que llegó el momento en el que pareció que tu cabeza no era un nabo sino una fuente de surtidor, como la que chorreaba en la Plaza España de la capital. Me vino la risa, que escondí con las dos manos tanto como pude; pero hinché los carrillos hasta las mismas orejas, se me tiñó de rojo la cara y reventé; por la derecha, por la izquierda o por el medio, el caso es que reventé. Siempre que se llevan las cosas a los extremos y revienta la risa, obra al mismo tiempo la nariz y el esfuerzo obliga a sacar lo que allí reposa, con tal fuerza que parece otro nacimiento. Y aunque quieras disimular sólo consigues embadurnarte cada vez que te limpias, hasta que quedas hecho un guarro. El ruido te despertó, pues andabas traspuesta, y al cortar el sosiego que ofrecías lloraste como una condenada. Mi madre me soltó un sornabicón de los que tuercen la cara.

—Por tu culpa —me dijo.

Y lo que es la casualidad, tú en la cuna y yo entre el mandil de mi madre, los dos traíamos la misma cantarena. Cuando entramos en calma te miré y hacías pucheros muy parecidos a los míos. Aquella casualidad se me prendió en la vista por un momento, y gustándome la imagen debí de arrojarla al pensamiento y ahí se me quedó por todo el tiempo, Encarna, pues ya ves que ahora, después de tanto, te la traigo a la memoria.

Mas son cosas que suceden, uno era harto chico y no me acosaron ninguna cábala ni relación de futuro. Al tornar a fijarme con más calma en ti, percaté otra vez la cabeza de nabo del revés y los pelos de surtidor. Pero guardé cuidado y orillé la risa.

A la salida de la casa el sol pegaba de lleno y me hirió los ojos, que estaban llorosos. Así que no me preocupé por entonces más de tu cara.

Mi madre me indicó que te llamarías Encarna. Le advertí que la señora Candelas, o sea, tu madrina, había anunciado el nombre de Encarnación, a lo cual replicó que precisamente de ese modo te bautizarían y apuntarían luego en los papeles, pero que llamarte, lo que se dice llamarte, te llamarías Encarna, pues así era lo debido.

—Tiene la cabeza como un nabo boca arriba, madre —le solté.

—¡Hala, tú! ¿Dónde vas a parar?

—Pues la tiene.

—Figuraciones. Que no sabes nada de nada. Bien guapa es.

—Pues si eso es guapo... —repliqué atizándome los dedos.

—Eso no es eso, que es ésa. ¿No ves que es niña?

Al año y medio, un poco tardía, empezaste a andar. Tenías los pies grandes y te compraron unas botitas de material en *Calzados Olegario*, la mejor zapatería de la ciudad. Erraron al no llevarte. Sólo dijeron:

—La niña tiene año y medio.

—Pues éstas le van.

Así que el dependiente las enseñó, volvió a recogerlas en la caja. Ganas de vender. Al metértelas, que si quieres, no te cabía ni la planta ni el calcañar. Luis *el Remendón*, el muy bestia, les enfusó un despropósito de horma y las reventó. Luego les pegó una pieza alrededor, y siendo la suela pequeña se dobló aquélla por los bajos, así que apoyabas los pies en la suela y en la tira de material. Hacía gracia ver las holladuras que dejabas en el suelo, y tuve una temporada, hasta que cumplí los nueve, que iba detrás de ti y pisaba tus pasos como un tonto. Los pies te crecían a lo loco y desde entonces anduve midiendo con una paja seca de centeno lo que medraban las pisadas. En la jamba derecha de la puerta de la iglesia señalé con la navaja, cada mes, el aumento. Todavía aguantarán por allí las muescas.

Me picó el regusto por las enaguas de las mozas, cayó en el agujero del olvido el tamaño de tus pies y dejé de poner la huella encima de la tuya. Sucedió de forma natural, y si bien es cierto que en esta vida los unos serán de los otros, hay muchas vueltas y revueltas hasta que los acomodos toman asiento. Un día que zanqueaba impaciente con los pensamientos a cuestas, teniendo ya los quince años, tropecé con don Prudencio, el cura, paré en seco y le pregunté:

—Oiga usted, don Pruden, dígame, pero de verdad de la buena: ¿Mete Dios mano en eso de los rejuntes?

Y él, de palabra tranquila como su nombre indica, aseguró que no, pues Dios condenaba el concubinato. Yo desconocía este vocablo y le pedí explicaciones. Indicó que hay quien lo llama contubernio, pero que, dada mi ignorancia, lo dejaríamos en arreglo; que el matrimonio era otro cantar y no esas suciedades que afeaban los comportamientos. (Se ve que no me había entendido). Y que si ansiaba alcanzar la verdad sobre el asunto, no tenía que buscarla en Dios sino en los caminos que Dios traza de un lado a otro con miras a que el hombre y la mujer se crucen, y desde esos cruces se separen o sigan andando.

Bien sabía yo que a los curas no procedía soltarles preguntas como la que vino después. Pero se la mandé de sopetón, sin pensarlo, que si no se queda en la talega y luego te arrepientes. Le pregunté si él atajaba por los aires por librarse de mujer o si, llegada la mujer al cruce, ponía pies en polvorosa. Le pareció ruin la pregunta y dijo que me fuera a adobar clavos. Pero la inocencia de los quince años puede más que las palabras que mandan a la puñeta, y le pregunté si un cura nacía ya con la señal de la cruz en la frente y la madre sólo tenía que empuntarlo de chaval al seminario a que se la ahondaran. Creo (no quiero confundirme) que mascullÓ la palabra gilipollas, avió los pasos y me dejó con la boca abierta. Con el tiempo supe que don Prudencio siguió en ocasiones los caminos que Dios había puesto con motivo de que el hombre y la mujer se cruzaran, y que (seguro por voluntad divina que armó al varón con mecha y bolero) tuvo cruces, líos y posteriores calvarios que le comían la conciencia y lo traían en boca de muchos, los cuales, siendo como sabes, Encarna, fornicadores y putas, disfrutan con lastimar al prójimo.

—¡Mal rayo os parta! —así les dije una vez a Nemesio *el Fino* y a Juana *la Torna* cuando los encontré en el carreterón de Domingo *el Pajo* achicando las ganas.

—¡Lengüilargos! —volví por segundas, porque ellos eran de los que más criticaban a don Prudencio. Se levantaron como liebre en rastrojo, pero no barruntaron nada, lo que di por supuesto.

Es el caso, Encarna, que a pesar del pantalón de pana, de la camisa de lino, de las abarcas que han cubierto mis andares y de los calcetines pardos de lana, he tenido presteza y elegancia en lo que toca a las relaciones humanas, al menos desde la mayoría de edad. Y me giba que un cabrón llame cabrón a otro o que un ladrón quiera cortar la mano de quien acaba de robar. Porque no hay que entender demasiado de los paños de la vida sino conocerse a sí mismo y advertir que andamos metidos en el saco de los días, y que, al menearlo, chocamos, rebotamos y somos pelotas que desinflan la hechura y siembran arrobas de humanidad por aquí y por allá. Como un plato de lentejas sabe a lentejas, la humanidad sabe a humanidad. Aquí y en Roma.

A los quince, se me antojaron chicas las lindes de Padracos (amanecer de nuestra luz y asiento de nuestros días) y acudí a oler lo que se vendía en la feria de Rebanos, que tenía por costumbre, si no lo impedía fuerza mayor, celebrarse el veinte de cada mes. Compré un quilo de pulpo, a la abuela Leonor unos anteojos, a mi madre un mandil y a mi padre una bota de vino bien empegada. En lo que a mí respecta merqué una cayada de madera de fresno y un sombrero de fieltro gris con cinta negra que calé un poco hacia atrás dejando ver el flequillo. El sombrero y la cayada ensalzaban mi garbo y llevaba la vista a ras de los aleros de los tejados de chulo que iba. Oía las voces de los vendedores y el murmullo de los que tropezaban conmigo. La imagen era tan desbocada que tuve la sensación de estar más alto que el sol y dar resplandores con mi porte al mundo de renacuajos que coleteaba por los bajos.

Con estas grandezas de la imaginación, Encarna, se crece lo suyo, no creas, y me entraron de repente las primeras ansias de fumar. Compré un cuarterón, lié de mala manera un cigarrillo, lo encendí y, de un respiro, tiré el humo tragaderas adentro, siendo el caso que lo recibió mal el cuerpo y lo empuntó a toda leche entre repechones de tos y carraspeos. Y es fastidioso que tales molestias la emprendan porque no embridan sino que arrecian y se ensañan con otras partes de uno, tales los ojos, que se ahogan en lágrimas y lloriqueos. Alargaba, por demás, a cada paso el pescuezo, al tiempo que la lengua tomaba sin querer los aires. Y no sé si las casualidades se tejen por pares o es que el mundo se envuelve en un pañuelo, el caso es que, en tal postura, di de bruces en los hocicos de una caballería que padecía cimorra, es decir, catarro de nariz, y allí mismo asenté mi lengua que, como si la hubieran pinchado con una aguja, retiré y se recogió (más bien me parece que por cuenta propia) en la boca, pero volvió a salir como alma que llevan los demonios en busca de la bocamanga donde raspó y raspó hasta sentirse áspera y sedienta. Se atribuló mucho el dueño de la bestia y dijo que la perdonara, pues sufriendo el mal que sufría ni ganas tenía siquiera la cuitada de cabecear. Y como era cierto y yo un ganapán de quince años, nada dije y me alejé, no sin antes seguir los consejos de un gitano que me acercó un mejunje, entre bermejón y lila, en un frasco de tres cuartillos, y me mandó que hiciera gárgaras tres veces los días pares, enjuagara la boca los impares otras tantas y me despreocupara del percance. Pagué sin regateos, y de allí en adelante la boca la tuve escaldada y no logré comer en dos semanas ni acercarme a ninguna moza. Era claro que apestaba a vinagre y brebajo.

Si te cuento este suceso no es porque me haga gracia ni por hartar tu paciencia teniendo en cuenta el montón de veces que te lo he traído a colación, sino porque siempre, aún a sabiendas de lo mucho que nos hemos apetecido y la noble afición con la que los reclamos del uno atolondraron la carne y el espíritu del otro, siempre, Encarna, tuviste por argumento de poco peso aquél por el que en verdad me llamaban y llaman Remigio el *Vinagrón*. Y pues la vejez es sabia te lo esbozaré en cuatro palabras, que son éstas: Rebanos, cayada, sombrero, alero, cigarro, humo, tos, lengua, caballería, cimorra, gitano, mejunje y enjuagues. Y no porque yo fuera de natural agrio ni porque a mi padre lo apodaran el *Acedo*, ni de refilón reculo o acometo, me acuesto o me levanto con el mote de *Vinagrón*.

Tengo harto respeto a Padracos, bien lo sabes. Y, al hilo de lo que estoy evocando, recordarás que pocas veces se me ocurrió ajustar el sombrero ni agarrar la cayada estando en Padracos, hasta ahora. A pesar de los sucesos de Rebanos, siempre que me acosaban los arranques de engalanarme y lo llevaba a cabo, la vista se me prendía de los aleros y olvidaba la tierra que sellaba mis pasos. A eso no hay derecho. Se puede hacer (y no está bien) con la tierra de otros linderos, nunca con la propia. Figúrate si robara condescendencia a los ojos de la madre que me parió. Chulapos hay, de los que cruzaron la frontera muertos de hambre y regresaron con dos chavos al lugar, que empinan el morro y escupen hacia arriba. Llevan la cabeza como del revés, hincada en la espalda, y enseñan la nuez y la soberbia. No dicen a la buena hora ni con Dios quede usted; menean el bolsillo porque les suene la calderilla y son tan puercos que en lugar de cucar a la hembra la olfatean.

La tierra, digo, que nos recoge el primer culazo, cuando niños, la que seca los orines, cubre a los muertos, rasga la entraña con el brote de la semilla que se le echa, no gruñe por el peso de uno ni de ciento y se deja amancillar con el burrajo, las boñigas y otras hiendas, tiene un qué muy hondo de ternura y es preciso abrazarla con la mirada.

Estas manos mías, que el tiempo ajó sin el menor respeto, ciñeron ha la cintura de ensueños que me hacían rebrincar en los deseos y las entregas. Y si estrujaron tus carnes blancas y recias, restregaron también los surcos y probaron la bonanza del tempero. Ya de zagal atusé el lomo del suelo, le adentré los dedos con todos los respetos del mundo y le herí las entrañas en busca de su intimidad. Hasta que se la encontré y percaté la humedad que le fluía, bien te lo puedo jurar, como a hembra en gozo.

Así que al caer en la cuenta de los desasosiegos que tu presencia empezaba a producirme siendo mozo reciente, llegué a sentarme sobre el brocal del pozo de Tasiano *el Frío*, muerto por entonces, y supe que eras la tierra de los otros riegos. Fue el día, no sé si tienes memoria de ello, en el que te pedí:

—Encarna, vente conmigo a ver nacer el mijo, vente.

—¿Y por qué el mijo?

—Porque nace ahora.

Ya tenías el pie tan grande como el mío pero no le pisé la huella. Iba al lado tuyo retozándome el corazón. Yo rondaba los veintitrés años y tú los dieciséis y los retozos no me dejaban mirarte pues tiraban de mí como si estuviera enganchado a tres mulas. En cada tirón amanojé los deseos hasta que te senté de frente, en tamaño natural, sin la menor tara ni sobra, todo según me lo trajinaba la imaginación. Si la tierra era hermosa, así tú. No te vi como fruto sino como parcela, y tan mía la hice que la cerqué con la más alta de las paredes y sólo dejé un portillo a medida por donde entrar cuando la ocasión llegara y el rebusco dejara de ser promesa.

Permanecimos mucho rato como dos simples avizorando la tierra. El brote de mijo no se avistaba y lo dijiste:

—No ha nacido.

—Está al abrigo del grumo.

Me acerqué y dejé al descubierto uno que ya apuntaba, pero me obligaste a entoñarlo.

—A la tierra le cuesta parir —te señalé.

—Mucho.

—Como a tu madre.

—¿Tú qué sabes?

—¡Vayá! Te parió un lunes.

Ni por asomo te hice saber que habías nacido con la cabeza como un nabo del revés.

Más allá había un abrojo y me cabreé; lo llamé hijo de puta y decidí arrancarlo porque la tierra era del sembrador. Pero al pronto, y no te lo había explicado nunca hasta hoy, cedí en el propósito: recordé a Manolo Cientodós, hijo de Oliva *la Minguera* y de padre desconocido, del que Oliva, echando las cuentas, dijo:

—No sé cómo se llamaba, pero era el ciento dos de los que habían tenido mis servicios.

La Minguera se lo contó a don Prudencio medio en secreto, y éste, porque Manolito tuviera padre ante los ojos de los demás, Cientodós lo apellidó de primero el día del bautizo. Manolo Cientodós murió hace de ello tres meses, a los setenta y cuatro, y todo el mundo lloró en su entierro. Era hombre cabal. Así que dejé el abrojo.

Me gusta Padracos, pues a despecho de cuatro gaitas de ciudad que lo llaman Dondecristodiolastresvoces, tiene un ánima que le brinca cada mañana al despertar.

Le rebulle el gazapo en los montes; la raposa, mohína, discurre añagazas; las bichas encandilan a los pardales; Poliano turba los sentidos de Andrea; el viento puntea las narices del zagal; Gabriel *el Mecagoenningundiós* cata el aguardiente y mata un gusanillo detrás de otro cada mañana; la hija de Roque, Casilda, canta los amores que no le llegan; sientan a Juan el paralítico a la puerta de casa a secar pústulas y trota briosa la burra de la niña Yolanda. Dios se parará, digo yo, a ver el espectáculo y reirá apoyando el codo en una nube, por comprobar que así, poco a poco, la gresca de la vida encandila el alma de Padracos. A mí, te lo digo, Encarna, sin culebreos de pensamiento o palabra, se me antoja que Dios, al que como los demás no he tenido el gusto de ver, huele a humo de Padracos. No es mentira esto que te cuento: un año, en el mes de Todos los Santos, antes de casarnos, recogía yo por la segunda quincena el piorno que luego usaríamos en el chamusco de los cebones. Entonces arrancó un olor a humo desde los remates de las nubes. Era más bien impropio. Y no se veía el carril de humo siquiera como el que dejan las chimeneas, sino que se derramaba por el contorno un tufillo agradable que se iba yendo. Lo perseguí y me llevó sin prisa a la picota de Monteairoso, donde el águila asienta el nido. El olor desapareció sin más. Seguro que Dios tornó a su lugar de sosiego.

No en balde traigo a colación estos asuntos. Quiero que recuerdes (ya lo calaste en su tiempo) que tuve y tengo a Padracos como repecho que apunta a los cielos. De ahí nació el regusto por enfoscarme en los adentros cuando padecía pesares hondos o me agobiaba el tiempo con su marcha loca. Bien sabes, Encarna, que desde joven procuré meditar, y que al encerrarme en el cubil de los ensimismados olvidaba la lozanía carnal de tu cuerpo y me azorraba de bruces por tres días el pensamiento. Era más serio de lo que pudiera aparentar. Se me zafaba el tiempo de igual modo que se desenhebra un jersey, y no podía pararlo ni durmiendo, porque entonces soñaba. Vaya jerigonza la de enganchar un sueño similar al dolor que traes en danza. Pero así era. El jersey era largo y tenía uñas como cualquier mortal. Crecía y crecía el desasosiego a medida que el jersey se deshilachaba más en los bajos, hasta el punto de que percibía el tiempo como un tejemaneje extraño arremeter por las ingles primero, luego por mitad de la pierna y al fin posarse en el empeine. Se deshilachaban seguidamente los dedos, empezando por el chico y acabando en el gordo, momento en el que advertía el final de la vida. Echaba mano de Dios sin más argumentos y todo paraba. Y tú dirás: «¿Por qué no acudías a Dios cuando empezaba el jersey a deshilacharse?». Porque no podía, leches, porque no podía.

Se lo dije a don Prudencio, el cura:

—¿A qué se debe, don Pruden, a qué se debe?

—A la necesidad de purificación, Remigio, a la necesidad de purificación.

—Precise más, don Pruden, ande.

—Verás, hijo, esto significa que te limpias de la cabeza a los pies.

—Que si usted cree, remataba yo.

—Claro que sí, concho. Mira, hombre, hasta te podría dar la Comunión sin confesarte.

Se me agrandaron los ojos (aunque te parezca que me voy del tema), Encarna, porque cuando me vino con tal ofrecimiento (que se quedó en agua de borrajas) aún no tenía yo por mío tu cuerpo y con otros me apañaba en mis flaquezas o vigores, es la verdad; que si he sentido la necesidad de Dios por ese galope del alma, también he precisado de la hembra a la hora de apagar las calenturas del cuerpo. Y me jorobaba contarle en el confesionario a don Prudencio mis actos, siendo como era tan meticuloso preguntando detalles. En resumen, que no cumplir con las dos verdades que nos armonizan es, más que de distraídos, de babiecas; pero soltar a bocajarro o como mejor puedas los holgorios y deleites carnales en el confesionario desagrada; ya de entrada se le hinca mal el diente a la misma idea de tenerlo que llevar a cabo.

Me encandila lo divino y lo humano, y debe de ser un alboroto de la sangre de mucho peso. Lo que me honra. Si por algo hubo alguna monserga en casa, recuérdalo, Encarna, fue por esto: no porque me enganchara en el sabor de lo divino sino porque lo hubiera hecho en el otro sabor. El día que me saliste con que eras una cornuda no te entendí; de sobra sabía yo que los cornudos son aquéllos que, temporeros o no, han perdido la patente de los encames. Que yo catara otros gustos antes que el tuyo hace a mi historia y no a la tuya. Y si no me perdonas es porque eres más modorra que una cancina y te dejas llevar por los pareceres y la sinrazón. Razón de más la de alegrarte sabiendo que luego de aliviar los gozos en otros cuerpos me quedé con el tuyo. Ya lo había dicho bien don Prudencio al señalar lo de los cruces, que al llegar el caso te parabas o seguías adelante. Un enredo no es, Encarna, que digamos, una parada grande sino un reposo en el andar de los días. Pararse, coño, es decirle a una a los veintitrés años «te quiero, me gustas más que la miel y procura que el viento no te dé por la noche en la cara que lo capo». Eso es pararse. Y así te dije, si recuerdas.

Alguien te vino con lo de que yo era un pájaro faldero, y que ojo. Y te razoné:

—¡Alto! Fuilo. Ahora no.

—Si yo hubiera hecho lo que tú...

Al decirlo volviste la espalda derramando pudor. Me senté, Encarna, porque el momento era importante. Sabíamos que en el pueblo se casaban las vírgenes y las otras buscaban nido lejos del lugar. Y te apunté con palabras fuertes:

—Si la hembra jode es porque jode el macho. ¿Equilicual? Equilicual. Y si éste no se deshonra sólo los estrechos dicen que se deshonra aquélla.

Que está lleno de estrechos el mundo, que lo viera, me hiciste saber. Que qué culpa tenía yo, te respondí. Y lo recuerdo como si fuera ahora mismo, Encarna: me senté en el escaño, en la punta cercana a la lumbre, escarbé con las tenazas y arrimé las nalgas. Te miré a la cara mientras el tocón ardía y te pegaba de lleno el resplandor y a mí también.

—Si hubieses hecho reposos cortos yo no los habría tenido en cuenta, porque los cruces son los cruces y el que no se cruza es que está muerto.

—Eso argumentas, pero no lo piensas.

Y te mandé a la puñeta, Encarna. Yo, que me acurrucaba en el frescor de tu piel, limpia cada noche, te mandé a la puñeta. Pedí perdón, y tú, bueno, que sí, que ya lo tenía. Pero nunca he podido perdonarme y, desde entonces, a las palabras puñeta y perdón les pego empellones por ver si se caen por un barranco o se cansan de mí y van a dar la lata a otro. No lo consigo. Cuanto más lo intento más se afanan en hurgarme la memoria y joderme. Me está bien. Menos mal que ya no me quedan muchos cortes de pelo y si las palabras no se mueren me moriré yo. O sea, si la montaña no va a Mahoma, Mahoma va.

Pero como tu madre (de ahora es que habíamos compartido vivienda con los tuyos) era recia y algo enredona, te malmetía. Hasta el día que le espeté:

—¡Vale! Cada pájaro a su nido.

Te agarré del brazo y nos fuimos a vivir a la especie de tabuco que dentro de un corralón destartalado tenía Amadeo *el Rígido*. Corría el año cuarenta y dos y me costaron ochocientos reales por junto tabuco y corralón. Esto era por la mañana, a la salida del sol. A mediodía ya lo tenía encalado y encendí una lumbre porque la humedad volara. Estabas mustia en el taburete, con las manos cruzadas y el pesar atosigándote los pensamientos. Traje un colchón de paja. Al oscurecer vino tu madre y amansó:

—Bueno, a casa. Perdona tú, Remigio, y agua que pasó déjala correr.

—No, señora —le contesté—. Ni usted ni yo conocemos los caminos del agua cuando discurre bajo la tierra, y el día que menos se piense vuelve al manantial y se nos recría la mala leche.

Tenías los ojos prendidos en el suelo y no cenamos. Al acostarnos te entró una temblina que me preocupó, acurrucaste el cuerpo pegándolo al mío y te dio por llorar mientras la lumbre rechispeaba sin parar y yo iba besándote las lágrimas. No aguanté aquel dolor y prometí que al día siguiente iría a tu madre, contigo de la mano, y le diría: «Pues, ea, aquí estamos y sanseterminó, que la vida son cuatro días». Moviste la cabeza seis veces con el no y luego cuatro más. Me entró ansia de lo dócil que eras, me cagué en los adentros, me incorporé y puse los pantalones, y al abrir la puerta en busca de tu madre me agarraste del brazo, te arrimaste y la emprendiste a llorar otra vez. Mas eran nuevos modos, llantinas placenteras, y nos acunamos un poco, así, de pie, mas principiamos a enredar con tanta afición y empeño que, luego de un trajín sin cordura, quedaste preñada. Se supo al siguiente día cuando saliste al corral y cantaste de esta manera:

Fuiste a moler,
labradora,
el grano que no llevabas,
y al verte un labrador vacía
sembró de amor
tus entrañas.

—Quiero que se llame Tomasín —precisaste.

Sucedía el hecho a los tres meses y cinco días de la boda, es decir, el treinta de enero de 1942. Compré un calendario de taco, le arranqué las hojas y colgué de la pared la del treinta de enero, guardé debajo del colchón las que le seguían y quemé las anteriores. Me preguntaste:

—¿Por qué las quemas?

—Ya ves, no quiero más rencores con tu madre.

Marchamos donde ella y le comentamos que estabas preñada. Luego de limpiarse las manos en el delantal nos abrazó a la par. Se lo anunció a tu padre y yo a los míos, y que a celebrarlo. Yo te mandé una seña con el ojo y tornamos al recoveco, atrancamos la puerta por dentro, así como el ventanal que había, atizamos la lumbre medio muerta y pronto arrancaron a volar por encima de las cabezas las morceñas y la ilusión igual que el humo por entre las tejas, o sea, sin concierto.

La casucha, que era una sola habitación, tenía las cuatro paredes algo arregladas, porque cuando la guerra le cayó de la vera derecha una bomba y la dejó a la intemperie. Amadeo *el Rígido* había colocado otra vez las piedras en su sitio. No rellenó el hoyo del corral, en el que otra bomba pegó de lleno. El corralón estaba mismamente al aire.

Una tarde entré en melancolía y me senté en el agujero del zambombazo. Como sabías que algunos asuntos me amolaban, de un brinco caíste a mi lado. Mientras yo cavilaba y cavilaba, me rascabas el cogote. Así se me alivió un poco la pena pero no quise contarte nada, sino que pegué la mano a tu barriga de cuatro meses y tuve empeño en que los dos lagrimones que se me escurrieron no los vieras aunque te dejaron la falda mojada. El recuerdo, entonces, siguió su camino. Era el invierno del año 38, Encarna. Oscurecía y hacía un frío de mil diablos. Toda la noche estuve dentro de un mimbrero con el tabardo y una manta, el dedo en el gatillo del máuser, sin pestañear. Me tocó ir por delante. La orden era esperar. Vendrían sueltos, arrastrándose por entre las plantas. El mimbrero era grande y en medio tenía una calvera. En la guerra se ve hasta de noche, parece mentira, los ojos del hombre son como los del gato. Y se oye todo, hasta chamuscarse con el helor las hojas. Más atrás estaban los de mi grupo. El enemigo, si aparecía, lo haría de hombre en hombre. Se sabía: lo había dicho el sargento. La bayoneta calada, cubierta con un crespón negro porque no brillara con la luna. Si asomaba alguno la orden era dejarlo acercar y atravesarlo a la de una. Que no tuviera tiempo de gritar.

Yo estaba con los de esta parte como pude estar con los de la otra. A unos los metieron de un lado y a los otros del otro. Los dos ejércitos eran dos casualidades. A mí me metieron de éste porque estaba acá del lindero; a los otros del otro porque estaban de allá. No preguntaban. Era lo de la perra gorda: si cara, cara; si culo, culo. Un teniente me preguntó un día que de dónde venía:

—De Padracos, mi teniente.

Contó delante de todos que Padracos era un pedazo de patria, pero que había cachos de patria en poder de cerdos que los manoseaban y les ajaban las bellezas:

—¡Sucios folladores que violan esta tierra virgen!

Lo decía dando voces. Me acordé, en tanto hablaba el teniente, de lo que nos enseñaron en la escuela, es decir, de que los fenicios vinieron aquí, y luego los cartagineses y los romanos, y después los visigodos y los árabes. Y me dio por pensar que cuando por primera vez hurgué la tierra y le encontré la humedad de sus intimidades muchos otros se habían echado sobre ella, y la tierra virgen que cacareaba el teniente era mucho más tierra madre que tierra virgen. Por lo que no lo creí. Luego la llamaron Madre Patria y tampoco creí en la patria que me contaban. Un día me pregunté en voz baja que qué coños hacía allí, y al fin lo supe, es decir, obedecer. Salieron con que luchábamos por la libertad, pero comprendí que la libertad no es del que obedece, pues el que obedece tiene amo que lo manda.

La mimbrera no se movía ni así, porque al miedo lo quita el miedo y sólo tiembla el que tiene frío. En las manos unos guantes de lana que me tejió mi madre porque no se me helaran. Lo pienso y me acuerdo de lo cándida que era, teniendo en cuenta que si te acertaba una bala se helaba la sangre y poca falta hacían los guantes. Pero una madre, al menos la mía, discurría sobre las cosas más pequeñas, las manos, ya ves, sufría por ellas como sufriría cuando se imaginara la bala a toda leche estrellándoseme en el pecho.

Cantó un pájaro, cosa rara con aquel frío. Serían las cinco de la mañana. A lo mejor no era un pájaro. Ajusté el máuser en el hombro y el dedo en el gatillo. Primero, una sombra encogida. La sombra se paraba como Juan *el Gogalla,* que tiene el baile de San Vito y anda y se para, anda y se para. Venía de frente al mimbrero. Apuntaba con el fusil a todos los sitios y a ninguno. Se apartó del mimbrero como si le asustara y se acercó al lado derecho; volvió a pararse como Juan *el Gogalla*. Entonces le asenté la bayoneta en los riñones y le advertí bajo pero con mucha rabia:

—Si te mueves ni así, te mato.

Tembló como Juan *el Gogalla*. Soltó el fusil y se hincó de rodillas. Levantó las manos antes de que se me ocurriera mandárselo.

—No me mates, coño, hombre. Hazlo por mi madre —imploró.

Le temblaba la voz como a Juan *el Gogalla,* pero era más fina.

—Si te dejo vivo nos descubrirás.

—Mi mujer se llama Dominga y mi hijo Alvarín. Te juro por ellos que no —dijo.

—Júralo por Dios.

—No me enseñaron. Te lo juro por lo que tengo.

—Vete —le dije.

Volvió la cara y era dos años más grande que yo, calculé. Alargó la mano por entre las mimbres y yo la mía.

—Gracias —expresó llorando—. Me llamo Otilio Sabieso y soy de Milenilla.

El sargento, a lo mejor porque vio el resplandor de la bayoneta de Otilio Sabieso en el suelo, o porque oyó la conversación, nunca lo supe, se vino sobre él y le atravesó la barriga por el lado del hígado. La última letra que Otilio Sabieso pronunció fue la a de Milenilla, no tuvo tiempo de llegar a la a de ay.

El sargento me llamó cabrón y traidor en voz baja, y de un envío me quiso pasar con la hoja. Pero le salí de frente y lo dejé torcido por siempre. Se me ocurrió cambiar la bayoneta de Otilio Sabieso por la mía, que eran iguales. Al amanecer enteré al teniente de que se pincharon y mataron en un abrir y cerrar de ojos.

—¿Y tú qué hacías?

—Esperar, mi teniente. ¿Qué otra cosa?

¿Quién coños inventaría esa patria, Encarna?, te pregunté aquel día mientras me rascabas el cogote y yo te palpaba la barriga al tiempo que traía a la memoria, sin conocerlo siquiera, a Alvarín, el hijo de Otilio Sabieso, la puta leche.

Aunque no me entendiste, te anuncié sin salir del hoyo:

—Por aquí empezaremos la casa.

Pues que tendría que tapar el agujero.

—Plantaré dos árboles en él, y al uno lo llamaremos Otilio, por llamarlo de alguna manera, y al otro Alvarín, por llamarlo. Los árboles dan sombra.

—¿Y por qué ponerles nombres?

—Por llamarlos, ya te digo.

—Y puestos a ello, ¿plantaremos otro en la trasera de la casa?

—Con dos, basta —respondí muy convencido. Pero enmudecí en lo de que el sargento no lo precisaba, pues había caído de bruces en la mimbrera y ya tenía árbol suficiente.

Después de afincar los plantones te regalé una tumbona, y sentada en ella contemplabas la faena que traía con el levantamiento de la casa. Ajusté de manobre a Davicete, hijo de David Flores, un chaval al principio tierno que pronto enganchó la hebra del trabajo, endureció las manos y se las rascaba con lija:

—Esta casa no se puede hacer de una vez, tiró usted las líneas muy largas sobre el suelo —dijo Davicete, el ojo en las zanjas sin encajonar.

Y en aquel momento el chaval me dio la solución al problema que me andaba rompiendo los sesos. De la alegría le pegué dos empujones que lo empuntaron desde el poniente al naciente del corral. Le hice saber que tenía la cabeza sobre los hombros. Corrí a ti y te dije:

—Una casa es como la ralea, ¿sabes? Empieza cuando empieza y nunca se acaba del todo.

Y tú, de pocas palabras pero lista como el hambre, lo calaste al punto y dijiste que éramos dos, luego tres cuando llegara Tomasín, que sería macho, estaba claro, porque coceaba que era un gusto, y que si dos vivíamos en una habitación tres podríamos vivir en dos.

Desde entonces todo marchó a pedir de boca, te acordarás, Encarna, y de los alrededores acudían las gentes a descubrir lo que aquí se obraba; hasta los albañiles de Rebanos, en principio, y luego los de la capital se arrimaron, y en la provincia se hablaba y no paraba de la casa de Padracos que un tal Remigio, con ayuda de un muchacho, edificaba en mitad de un corralón. Los que llegaban el veinte de cada mes a la feria de Rebanos torcían el camino, bien en asno, en bici, a caballo o en calesa, por ver lo que se cocía en Padracos. Pasó un arquitecto de la ciudad, por casualidad, eso sí, pues vino a pescar cangrejos al río, y dijo al otro que caminaba al lado: «Coño, coño, lo que hay que ver». Y le hizo una foto que salió en el periódico una semana más tarde. Pronto apareció un periodista y me preguntó que por qué no levantaba la casa rectangular o cuadrada como todo el mundo:

—Ea —le contesté mientras asentaba piedras, una encima de otra y sin parar, porque esto es verdad, Encarna, si paras el trabajo por atender a los curiosos, apaga y vámonos.

—Dése la vuelta —mandó—, que le hago una foto.

—Será de culo.

Que era cosa del periódico. Y yo le respondí que del suyo, por lo que, bien pensado, se la diese él y asunto. Dijo que yo tenía mala leche y le respondí:

—Tenerla, téngola; mala, es otro cantar.

Y se cabreó de lo lindo.

—Esta casa es un disparate—, me dijo de repente Ambrosio *el Endejas*, que en lo mejor del oficio, a los cuarenta y tres, cayó del andamio y se rompió el espinazo. Le empujaba la silla de ruedas Jacinta, su hermana. Siempre que los veía me venía el futuro a dar patadas en el hueco de la razón. Si se muere Jacinta, ¿quién moverá la silla? Por eso, Encarna, aunque de modo egoísta, traía en mientes que tener hijos es lo propio, pues la silla de ruedas, si llega el caso, no se parará del todo. Acojonaba lo suyo pensar que el ser humano se encontrara de viejo en lo alto de una costana y sin nadie por detrás. Era como caer vivo en un pozo seco y pedir al cielo en escampe que te ahogara con un turbión.

—La casa es un disparate; es lo bueno de ella —volvió a las suyas Ambrosio *el Endejas*.

Me quedé mirándola.

—No te olvides de las adarajas cuando acabes esa parte.

Ambrosio *el Endejas* siempre llamaba adarajas a las endejas. «Me jode que me llamen *el Endejas*», solía decir. «Porque eres el que mejor engancha una pared con otra», se le contestaba. «Ya, pero me jode. También don Prudencio es el mejor dando la comunión y no lo llaman *el Hostias*».

—¡Una casa de letras! Y dice tOMASI.

—Le falta la N.

—tOMASÍN dirá —dijo—. Está bien.

Pensó con la mano izquierda en la barbilla.

—La I, como Dios, de chimenea. De abajo arriba. Está bien.— Apuntó con el dedo gordo de la derecha:

—Y la O será dormitorio, ¿no?

—Arriba, sí; abajo, salón.

—Está bien.

Se calló.

—¿El tuyo? —arrancó.

—¿El qué, el dormitorio? Se verá. Me gusta el rasgo horizontal de la t como dormitorio; tiene buen mirador y está soleado.

—Esa t no está hecha, pero según va parece minúscula y Tomasín es nombre propio.

—Antojos de Encarna. Dice que desde el pico de la t me verá trabajar en el campo y retornar de él.

—La casa es un disparate pero me gusta. Está bien —volvió a decir Ambrosio *el Endejas*.

Miró como a lo lejos, bajó los ojos y le dio por examinar un buen rato la zanja de los cimientos. Volvió la cabeza:

—Cuando tengas el segundo hijo, ¿levantarás otra con la forma de su nombre?

—No. Con ésta vale. La casa tiene que servir a los que vengan.

—Aquí pueden anidar muchos. Sobra casa. Acaba la t y la N, y listo.

—Así pienso.

—Está bien —dijo, le hizo una seña a Jacinta y Jacinta empujó la silla.

Terminé de tejar la O antes de que Tomasín naciera, que sería diez días después de San Miguel, o sea, el nueve de octubre. Te preparaste a parir en la casuca vieja dicho día y vinieron qué se yo cuántas mujeres, entre ellas Dorotea, la partera, la más entendida. Te besé en la frente y le dije a Dorotea y a las otras pero dirigiéndome a Dorotea:

—Que no le pase nada, me cago en diez.

—Que no te pase a ti, rilines —me soltó Dorotea.

Y tiré hacia el monte deprisa, el oído pendiente de los gemidos que te crecerían, pues es bien verdad que aún no los había oído. Una fuerza me empujaba adelante, que era la fuerza del miedo, y otra me trababa, que era la fuerza del miedo también. Y habiendo dos miedos juntos no se me quitó el miedo como en la mimbrera, cuando la guerra. Me iba acojonando. Al llegar a la loma del Tesico las piernas repechaban mal y el oído se aguzaba en demasía, así que, sacando la voz, que se rebujaba como un nudo en medio del estómago y me producía malestar, empecé a entonar, sin ton ni son, la canción que cantaste el día después de quedar preñada:

Fuiste a moler,
labradora,
el grano que no llevabas,
y al verte un labrador vacía
sembró de amor
tus entrañas.

Y se ve que al privar al oído la escucha reculó el miedo que me ataba. El miedo que quedó apartó el miedo y corrí pendiente arriba de la lometa como un galgo. Desde la cima me eché a rodar hasta caer en el bajo, por el otro lado. Allí todo era silencio y como estábamos en el mediodía los pájaros sesteaban y el silencio me averió tanto el vientre que me descompuse sin remedio y, a toda prisa, tiré el pantalón a la vera de la cortina del tío Gregorio; tres veces seguidas, porque todo era levantarme y volverme a agachar.

Hora y media más tarde se oyeron las campanas y parecía que encordaban. Subí la falda del Tesico cagándome en la puta y rogando a Dios que no te hubieras muerto. Me convencí por completo de que encordaban y me olía el frío tuyo, Encarna, a tres quilómetros de ti. Sin percatarme, cambié las palabras y puse delante la súplica:

—Dios mío, que no se haya muerto, cago en la puta.

Las campanas no amainaban los encuerdos. Ya en la cumbre vi el humo que brotaba por entre las tejas del chamizo; también a las mujeres correr y correr entrando en él. Se me caía el cielo. De repente las campanas principiaron a repicar, ya ves, como tres minutos. Pararon y encordaron otra vez. Repicaban y encordaban. Lo vi claro: uno de los dos estaba muerto: tú o Tomasín. Repican por el vivo, encuerdan por el muerto. Nunca he querido revelarte, Encarna, quién quería que estuviera vivo. Recordé lo que decía don Prudencio, el cura, que si uno tiene que morir ha de ser la madre, que el que nace está en todos los derechos de vivir por no haber gozado de las bellezas de la creación. Y sin cortarme en los pasos, grité:

—¡No me joda, don Pruden, no me joda…!

Seguí con las palabras de don Prudencio: «Así lo manda la Santa Madre Iglesia».

—¡No me joda, don Pruden, no me joda…!

De lejos venía alguien corriendo, con las manos en alto, y las alcé lo mismo. Voceaba, pero no le entendía nada.

—¡Que qué dices, coño, que qué dices!

Al poco vi que era Davicete:

—¡Que nació Tomasín! ¡Tomasín…, que ya nació!

Paré en seco, salí del camino y apoyé los brazos en un roble, junté la cabeza al tronco y lloré tu muerte, Encarna, sin reposo, escurriéndome tronco abajo hasta quedar de rodillas y en silencio.

Llegó Davicete y me echó la mano al hombro:

—Ánimo, hombre.

Lo miré, y viéndome llorar como un niño me soltó eso de que creía que yo no tenía lágrimas. Dejé el roble, Encarna, me abracé a Davicete y lloré a moco tendido. Aguantó en esa postura el chaval hasta que me escampó una miaja el llanto y vino el sosiego:

—Encarna quiere verle, Remigio —dijo.

Di un respingo y estiré el cuerpo medio metro.

—¡Quién dices que quiere verme!

—Encarna, hombre, no va a ser Tomasín.

Y eché a correr como un loco. Venía detrás Davicete, que era una liebre, y me hizo saber:

—Justo cuando nacía Tomasín, un tris antes, se murió el tío Perico *el Manso*.

Por los adentros pensé, Encarna, cómo se relaciona la vida, la una con la otra, lo vivo con lo muerto, el que llora por un muerto que no es el suyo.

El niño, o sea, Tomasín, era muy moreno, casi tizón, con la cara redonda. Recordé tu cabeza de nabo del revés y señalé en alto, sólo por aquel recuerdo.

—No se parece a ti, jodo, no se parece nada de nada.

—Ahora resulta que será tu espejito, mira éste —contestó encabronada tu madre.

Los meses siguientes, si el campo dejaba tiempo, me enredaba en la casa las horas que podía. A Davicete le subí el jornal y se compró una visera que se calaba por las fiestas. Tomasín salió berreón. Le aposté a ver quién crecía más, si él o la t de la casa. Te acordarás.

—Apuesto al tragaldabas de Tomasín a ver quién crece más, si la pared o él.

—¿Y cómo lo vas a medir, hombre?

—Pongamos las cosas así: cada doscientos chupetazos que te dé contará un metro cuadrado de pared.

Que estaba loco, asegurabas entre risas, que estaba loco, pero que bueno.

A las nueve de la mañana te acomodabas en la tumbona y sacabas la teta que Tomasín ya pedía con el llanto. Contabas las pezonadas mientras yo asentaba piedras a trote. Tenías los pechos recios y holgados antes de la preñez, luego medraron sin ton, y ahora, o sea, entonces, cuando atetabas a la criatura, eran tolvas repletas de las que Tomasín se implaba una hora sin tomarse respiro, lo que me llevó a pensar que tenía un bandullo de época y que si no se andaba con tiento y seguía pegándole al alimento como en los principios a la leche de la madre sería tripón cuando grande. ¿Qué me confundí? Nada. Si tus cuentas fueron buenas te vaciaba el busto en doscientas chupadas, por ahí andaba, y sabiendo que se arrimaba a consumir seis veces, sumadas las dos de la noche, salían en total (multiplica y verás) mil doscientos chupetazos, que repartidos entre doscientos suponían la friolera de seis metros cuadrados de pared en veinticuatro horas. Sin más, un disloque de la razón.

Aquel trote no lo aguantaba pero no quería achicarme. Y como sabe más el diablo por viejo que por diablo, así que iba adelantando pared se me ocurrió dejar cuatro ventanales a modo de cruz. Me preguntaste que por qué:

—Ve ahí.

—Mucha ventana.

—Tiempo al tiempo.

Es el caso que aquella conformación llenó de luz la t, y era el lugar de nuestras entregas, justo en el trazo horizontal de la letra.

Por esa t con ventanas a la casa la bautizaron las gentes con el nombre de *Laseñaldelacruz*, y empezaron a traer en procesión a la Virgen frente a ella: reposaban las andas en el suelo y la dejaban así como un cuarto de hora, y don Prudencio hisopaba muy contento del hallazgo. A tal punto llegó la cosa que el Ayuntamiento pagó a un pintor de campanillas de la ciudad.

—Que venga —ordenó Lucio *el Litúrgico*, alcalde por entonces— a pintar a Nuestro Señor Jesucristo sobre los ventanales, porque la Virgen, cuando llegue, goce debidamente el dolor sublime de hallar al Hijo en toda su grandeza de Salvador crucificado.

Fueron, en lo que hace a nosotros, días felices pero noches de cuaresma y abstinencia, pues aunque Cristo

Nuestro Señor estaba de espaldas era distinto que tenerlo recogido entre los muros de la iglesia. Cortamos los atrevimientos, y cada noche, nada más tomar el lecho, decíamos hasta mañana y nos dábamos los culos, por demás nunca juntos. Y aunque al principio de esta memoria te contaba que Dios entendía la obra porque permitía que los placeres tuvieran ocasión, eso era Dios, que no su Hijo en la cruz.

Por las mañanas no pasaba niño ni moza ni mujer ni hombre alguno que dejara de santiguarse aquí delante; se santiguaban los unos porque lo sentían, los otros por no dar que decir.

Si la fe de los hombres engorda a Dios, también a sus más humildes servidores, vengo a decir, a don Prudencio, que de la noche a la mañana se puso barrigón, y al principio le dijimos eso que te cuento, o sea, que la fe hace engordar, don Pruden, y él meneaba la cabeza siseando. Pero pronto se le acularon las ganas y, en la última procesión, mientras la Virgen contemplaba al Hijo en la cruz, don Prudencio, que arrastraba mala cara, la emprendió a vomitar, salpicó el manto purísimo y luego se desvaneció. Vino el médico de Rebanos, que es el que solía aparecer una vez cada mes y medio por Padracos, le miró la cara, casi le arrastró hacia abajo los párpados con los dedos, le punteó la barriga por ocho o nueve sitios, pidió una palangana, se lavó de pasada, y luego de limpiarse con una toalla recién sacada de un arcón, dijo, siendo como era de condición atea:

—La fe no hincha, que yo sepa; la cirrosis mucho. Llamad a otro cura que le cante el *Dies irae*. Si así hacéis, lo oiréis antes de cinco días.

Y al cuarto, murió.

Aquello arrugó mucho más nuestros deseos y se guardó luto (que afectaba también a las entregas amorosas) cuarenta días. Me contó Justino que la suya, es decir, tu prima segunda Ernestina, y él, justo el día veintisiete de la cuarentena, no aguantando más se largaron de viaje a la capital, y sin contemplar ningún monumento se dirigieron a una pensión, pagaron habitación por dos días, se enjaularon en ella y salieron de allí que no se tenían de hartura y hambre. Valorando la ocurrencia en su justeza, te apunté el día treinta y uno de dicha cuarentena que mejor dejábamos el niño, aprovechando que ya no mamaba, a tu madre o la mía, y dábamos una vuelta por la ciudad. Ya en ella miramos, porque no se dijera, cuatro fachadas y de lejos dos torres y buscamos la misma pensión que Justino. Al entrar en aquel cuarto tan chulón, con armario de dos lunas, jofaina en un rincón, perchero y mesilla con orinal dentro, se nos borró la cuarentena, el Cristo crucificado de los ventanales, y apagamos los faroles que no alumbraran inclinaciones y necesidades humanas.

Al día y medio, después de ajetreos sin límites, salimos a almorzar y encontramos a medio pueblo, la mitad hombres, la mitad mujeres, que le daban al diente o llegaban con ganas de darle. Al principio nos aturrullamos, pero éramos tantos que la confianza nos unió, y a medida que cada pareja acababa los contenidos de los platos decía «con Dios» y tornaba a la habitación. Igual que nosotros.

Al tercero de estancia, que fue el último, quedaste preñada de Otilio. Se supo al mediodía siguiente, cuando ya en Padracos, a la puerta de la nueva casa, cantabas sin parar:

Fuiste a moler,
labradora,
el grano que no llevabas,
y al verte un labrador vacía
sembró de amor
tus entrañas.

—También será niño, Remigio.

—¿Es que lo sabes?

—Lo sé. ¿Cómo quieres que se llame?

—Otilio —aseguré sin dudas, y me acordé con mucha tristeza de Alvarín. Era el cuatro de abril de mil novecientos cuarenta y cinco.

No tiene ninguna novedad lo que rememoro, porque lo conoces al dedillo. Pero, ay, Encarna, si faltara ahora esa cantarena de mi pensamiento, con la que ni muevo los labios, qué haría aquí, el culo ajustado al poyo de la casa. El pescuezo no tira una brizna y barrunto los cielos con la cocotera, es decir, de pensamiento. Hay que ver cómo se priva la acometida de la mirada con los años, y con qué obediencia baja uno el testuz y lo yuga a la conformidad. He oído que morir no es feo si los ojos, día tras día, se enfrascan, casi sin vicio y cansinos, desde la mañana a la noche a contemplar los pies y sus vecindades. Lo dijo Pedro *el Ralo* media hora antes de diñarla y entendimos que remedó a la muerte por provocación, y ésta, como una idiota, se lo llevó creyendo que le daba por el ojete. La muerte, que es una putona y que acecha al viejo desde el escondite porque nadie la guipe jodiendo con su cercanía, a veces se confunde de cabo a rabo, te lo digo, Encarna, porque dejándose llevar por el regusto de arrancar vidas de cuajo sale del esquino tras el que se oculta y ¡zas!, acaba con la historia del que espera. Y el que espera, yo qué sé, me huele a lo cerca, empina el cogote, mira al cielo, respira el aire puro del otro lado y dice: «Joder, qué a gusto estoy».

Pero el caso mío es distinto. Te encuentras a dos pasos, como quien dice, y cada mañana, luego de sentarme, pillo la cayada, la pongo bajo la papada de modo y manera que no se me caiga el ademán, abro a más no poder los ojos y miro. Estás tan cerca que parece que pueda alargar la mano, la que no pendulea, y tocarte. Me retengo. Estoy hecho a la calma y la placidez me alivia tanto que, cuando me manca sobremanera la cayada las quijadas, la aparto y se me cae la cabeza con tanto ahínco que algún día descoyunto de un tirón las juntas del morrillo. Y no quiero que suceda, porque las complacencias que contigo traigo me desahogan los pesares. Fíjate que no renuncio a que me vean babear los que pasan, porque tú estás aquí, y el palo de la vida se me presenta delante al amanecer y lo agarro y lo agarro, Cristo Dios cómo lo agarro. Échale a la vida la conformidad que antes te decía, Encarna, pero si hay una causa guapa por la que apuñarte a ella, te apuñas, y que vengan los demás argumentando que eres un marrano o un babazas.

Cuando aparece Dolores, que sabe tanto de humanidades (huele y aparta los olores de las mías) y me da a media mañana un tazón de leche con cuatro migas de pan, engancho fuerza y me entra otra vez la ilusión, apaño la cayada y me la coloco donde antes. Agrando los ojos y miro donde estás, me cago en diez, con qué afán, que, tú verás, me tiemblan hasta las venas, con lo duras que las tengo.

Dolores, además de buena, es ocurrente: va el otro día (hace de ello media semana), y coincidiendo su presencia con el hecho de que la cayada se me resbaló y la cabeza cayó con tal denuedo que chascó la cerviz, va y trae una muleta de su padre que en gloria esté, de Gabino *el Tocho* (mote que le pusieron en Cataluña por ser recio de mollera), y después de medirme la tirada desde el quijar hasta el suelo, la corta con el hacha pequeña (la muleta, digo) y me previene:

—Esto es mejor, tío Remigio, que la cayada; la muleta viene con mullido sobaquero, y del bueno.

Quito la cayada y pongo la muleta. Dolores tiene toda la razón del mundo y es de agradecer su cuidado. Pero dio en pasar gente por la calle y se me quedaba mirando. El cabrón de Cencio *el Liendres* que, como bien sabes, tiene por entretenimiento encamar piojos (ni Patricia *la Lobeta* le echó el diente siendo ella de condición montaraz), va y me dice, digo, el cabrón de la leche:

—¡Eh!, Remigio, ¿conque también te cojea la barbilla?

Y tira adelante sin darme tiempo de llamarlo acunaliendres y duermepiojos. Me hizo mal efecto mental, ya ves lo que son las cosas, a mí, que me importa tan poco la opinión del que viene y del que va. Devolví la muleta a Dolores:

—Es de agradecer lo tuyo en lo que vale —le dije—, pero esta cayada la compré en Rebanos y como no la gasté en su momento en Padracos por respeto al pueblo, ya que con ella me empicotaba en demasía, lo hago ahora que no llego a la altura debida.

Tampoco le mentí. Nada está de adorno en la vida, tiene utilidad cuando le llega, y tú, yo y la cayada lo sabemos de sobra. Lo mismo el sombrero que ferié a la par; nuevo está y le he pedido a Dolores que cuando me muera se encargue de meterlo en la caja procurando quede el ala entre las manos porque me acompañe en esa postura de respeto a la otra vida.

Aunque el mameluco de Cencio *el Liendres* no hubiera venido con esos dejes pinchándome los redaños, habría vuelto a la cayada. Junto a ella te miré y miro muchas horas, y mirando recuerdo. Recordar es un vicio de la memoria que enhebra la aguja y zurce el presente como si fuera un calcetín roto. Unas veces zurzo, otras remiendo y tapo los agujeros de uso que la vida abrió en mí como boqueras. Y zurciendo, o sea, recordando, se puede vivir otra vez la vida, muchas veces, miles de veces. Tiras de lo bueno de ella y apartas lo desagradable; pomponea el corazón como por milagro y rejuveneces aunque sigas babeando.

Verás, Encarna, hago la prueba, que es cosa fácil: reculo en el tiempo lo que me da la gana y te veo a los dieciocho años, vestida de Virgen María, aunque con chambra y sayo, como se suele decir, ya lo parecías por guapa y lozana y por el claror de tus ojos tan veraces.

Todos los pueblos tenían por entonces una Virgen María de carne y hueso, y lo mismo que ahora a las mujeres las desnudan, encarrilan por un tablón largo y acuerda un grupo de mirones, por chichas y *limonás*, cuál está en su punto y es la reina del avispero, igual, pero sin tablón y sin desnudar, en medio de la plaza de Padracos, como pueblo importante del contorno, acarreaban a la Virgen de cada lugar, y reunido el clero por un lado, las monjas por otro y algún fraile que cumplía vacaciones, cuchicheaban y votaban cual si, por contra, todo lo bañara el más hondo secreto. No votábamos los de condición mundana (nominados laicos, seglares y legos por los religiosos), en primeras razones porque tiraba mucho la Virgen convecina, y en segundas porque eran y éramos (que no me descuento) un tanto lascivos según afirmaban los de los hábitos, y no podíamos adentrarnos en el logro de la belleza de lo divino.

Este año te confesaste, antes de ser elegida Virgen de Padracos, con don Prudencio, por hablarle de tu pureza, y enseguida de la confesión saliste a la calle con una mano sobre la Biblia y la otra debajo gritando, más que diciendo, que eras virgen y que lo jurabas ante Dios y los hombres. Lo primero, es decir, ante Dios, bien estuvo; lo segundo, es decir, ante los hombres, resultó poco conveniente, pues se les echaron los ojos encima de ti a los muy lamerones y te estrujaban con el pensamiento. Te lo dije. El caso es que dejaste zapateras a las demás, que erais veintisiete, pues los votos cayeron sobre tu persona. «Nunca una virgen lo ha sido tanto», declaró el presidente del jurado.

Y si la vida es una jugada de antojos y casuales, nada extraña que al año siguiente tornaras a ser virgen entre las vírgenes y las otras zapateras. Mas se conoce que Dios no ponía mucho empeño en estos divertimentos humanos, porque sucedió que te dieron por confesada, ya que don Prudencio decidió:

—Venga, venga, no perdamos tiempo.

Y si él no te confesó, pareció normal que no jurases con la Biblia entre las manos.

Cuando el presidente, después de las votaciones en la plaza de Padracos, anunció que sólo una vez la Virgen había sido tan virgen como el año anterior y que ese año era éste, se te subieron los colores a la cara, yo bajé la vista, y tomando la cuenta de que era un juego humano y que la casualidad de no jurar no había sido tal casualidad sino voluntad de Dios, te serené acabada la función, al atardecer:

—Oye, Encarna, basta de afligirte.

Y que si patatín y que si patatán, te referí lo que pensaba.

—Eso que dices, bueno, pero no soy virgen pues me lo hiciste en el pinar del Mendrolar.

—¿Me lo cuentas a mí?

—Pues soy una tramposa.

Y te volví con que Dios lo toleró y es lo que vale. Que, si no, hubiera mandado una tormenta de rayos, truenos y granizo y puesto en dispersión a vírgenes, votadores y público en general.

Te calmaste. Como estabas así de guapa, todavía con el hato del festejo, esperamos la cerrazón del día, y en el pinar del Mendrolar, seis varas más allá de la primera, nos afanamos en los más hermosos quehaceres humanos, digan lo que digan los mojigatos, que tuercen por puñetera envidia los pareceres.

—¡Huy!, este vestido —dijo tu madre— qué guarro está. ¿Te has caído?

—No, madre, fue un pino que soltaba brozas.

Por entre las mellas se me escapa, Encarna, el aire de la risa pensando en el cruce de palabras entre tu madre y tú. Pero es una risa sin gesto, porque pasan los niños y no se percatan de que me río, ellos que avizoran todo. Es la edad (la mía) en la que las mismas alegrías se hacen íntimas y no tienen colgajos que tender en los ventanales del cuerpo. Creo que a cuerpos como el mío los llaman los de ahora efigies.

Con el frío, entro en el salón, donde solíamos parejar las miradas que, dóciles, se iban acercando y se amansaban sobre el sofá de cuatro plazas siempre que los niños trotaran por la calle jugando al marro o al escondite. Dolores enciende el hogar, enchufa la televisión, que está en el aparador, de espaldas a la luz, según la mandaste colocar, y antes de irse le suelo pedir:

—Venga, ponme también la radio.

La radio anda por la otra parte, sobre la repisa, en el fondo izquierdo. Y así yo quedo en medio, junto a la mesa, en una de las que llamábamos sillas duras. Mientras cierra la puerta me asegura que volverá a las siete de la tarde, pero que con los dos aparatos no me voy a enterar de nada.

Dolores desconoce que tengo escasa complicación en tales menesteres, la verdad, porque siendo niño, en casa, antes de la comida, en la comida y después de la comida, o sea, siempre, mi padre y mi madre hablaban a un tiempo, cada uno lo suyo. A los tres años de la boda ya sacaron a relucir la tozudez y las ansias que tenían de imponerse. Mi madre a lo mejor contaba que convenía retirar el ternero de la ubre de la Jarda el día ocho, y mi padre que la tierra de Valverdón espigaba más pronto que la del Encinar, en cuyo caso se juntaba en mi cabeza una lía de palabras revueltas, que podía decir así:

—Es preciso que retirar la tierra el ternero de Valverdón de la ubre espiga de la Jarda más el pronto día que la del ocho Encinar.

Y como en Padracos hubo y hay fulanos de mala leche, entre ellos el tío Rogelión, muerto hará treinta años, y su sobrina Juana *la Retirá* (dicha así porque tiene, la mal parida, recuérdalo, un retiro a víbora), solían topar con mi inocencia en la calle un día y otro también, y me preguntaban como a quienes no les importa la cosa:

—Di. ¿Qué hablaban el padre y la madre cuando salías por la puerta, Remigio?

—Le pagarás a mí las patatas a Pepe por me gustan guadañar con bacalao la pradera y no a la un real por hora viuda.

Aquel día, por ejemplo, me llevaron a la plaza, y al atardecer, que se reunía el personal, escribieron en un pizarrón de Lucio el de la taberna lo que les había dicho, y en la tierra de la plaza por lo menos una veintena se enfrascó en el recreo de apartar las palabras de mi madre y de mi padre, garrapateando en el suelo con un cacho de palo los significados. El tío Rogelión pagaría una jarra de vino con gaseosa al que ganara. Tocaron una cencerra, y como si fuera un concurso de televisión empezó el juego. Teodoro era de lo más fino en este particular y leyó al poco:

—Dijo uno: «Le pagarás a Pepe por guadañar la pradera un real por hora». Dijo el otro: «A mí las patatas me gustan con bacalao y no a la viuda».

Y se escoñaron a reír. Me revolvían el pelo y me daban patadas en el culo, sólo por dar:

—¡Toma, galán! ¡Toma, galán!

Tenía yo cinco años y me eché a reír, pobre de mí, con ellos, mientras aseguraron:

—De buena memoria sí que disfruta el zagalejo.

Como el tiempo tira de la hebra y roba los sosiegos, llegó el momento en el que ansié saber de una puta vez lo que decían el padre y la madre cuando hablaban a la par, que era siempre que estaban juntos, menos si dormían. Pero las palabras se montaban las unas en las otras y me traía un babel de mil demonios que casi me volvía loco. Me zumbaban los oídos mucho y al fin supe, o al menos imaginé, que la razón era aquel revoltijo de palabras. Se lo comuniqué a ellos cuando, por casualidad, un mediodía llevaron al tiempo la cuchara a la boca y no estaban en trance de hablar.

—Me duelen los oídos y siento pajareos.

Bajaron la cuchara.

—Debe de ser no que te has cogido lavarás frío y te en los la tupirá cama la mierda.

No aguanté más y salí corriendo en busca de Teodoro, que rondaría los dieciocho, y el reparo era menor en encargarle que me señalara el significado de lo que los padres me habían dicho. Tardó medio minuto en darme el resultado:

—Dijo uno: «Debe de ser que has cogido frío en la cama». Dijo el otro: «No te lavarás y te los tupirá la mierda».

Le tiré a Teodoro de la chaqueta agradecido por el servicio, pero el tío, que andaba con la costumbre de empinar, reclamó que le pagara una jarra y tuve que salir corriendo porque no tenía ni una perra en los bolsillos que, por demás, siempre estaban rotos.

Y lloré, pues lo que ansiaba saber no estaba dicho: que a los padres les apremiara la zozobra de temperar mis malestares.

Mas los sentimientos son juegos secretos del ser humano, pues, llegada la noche, mi madre me untó con aceite y ungüentos, y yo, en la cama, me hice el dormido y la noté cefrar, y mi padre estaba a la vera de ella sin decir esta boca es mía. Mi madre me asentó un beso en la mejilla mientras mi padre me acalugaba las manos. Fui feliz y no supe cuándo me apagó el sueño. O sea, que los padres resultaban distintos al toparse conmigo. Entre ellos, se tiraban las pencas; pero si el rumbo de mi salud sufría perturbaciones cerraban el pico y se volcaban en mí como un serón de estiércol en la rastrojera.

De tanto oírlos hablar a la par y, todo hay que decirlo, dada mi natural listeza, a pesar de la prisa que le echaban al verbo, llegué a resumir los contenidos, y mentalmente aprendí a colocar las palabras más importantes por separado, que, al instante, como si lo hubiera cumplido durante cincuenta años de una vida, me servían la recomposición de lo dicho por el uno y por el otro. Empecé por los sencillos:

—Al taburete se desconcha le falta la chimenea una pata.

Agrupaba las palabras principales que engarzaban un dicho cabal:

taburete	se
falta	desconcha
pata	chimenea

Y la madre había dicho: «Taburete falta pata».

Y el padre había dicho: «Se desconcha chimenea».

Esta abreviación harto me sirvió en la destreza de argumentar las referencias. Costumbre que me quedó.

Al leer, sentía gusto por rebuscar las palabras importantes, y mientras los otros trampeaban por la página dos yo ya tenía hechas las ciento y una. Lástima que duró poco, porque sólo hubo un maestro en Padracos en mis tiempos niños. Se lo llevó la tisis, dijeron. Con mi inocencia, creí que la tisis era una mujer de ésas y la llamé putona, pues me robaba el oficio de leer. Los libros, que eran allá por 50, los vino a recoger, después de muerto, una hermana suya, que ni le llegó al entierro ni le visitó la hoya ni cruzó palabra con nosotros. El maestro se llamaba don Saturio.

Y vuelvo. Dolores enchufa la televisión y la radio. Conozco de sobra los enredos del jodido mundo que no para de peloteras. Del país sé lo que debo. Están muy ufanos porque resuena la democracia en las voces de los pregoneros de la patria y de los que no lo son. Y digo que si todos andamos en asunto tan señor, a mí sólo me piden el voto, que es un antruejo, pues tengo el color de la media verdad colgándome de la imaginación, Encarna, y no entiendo que seamos iguales. En las últimas elecciones votó hasta Natalio *el Vacío*, que es muy hueco, pero que muy hueco de cabeza; y su voto valió como el mío, pongamos por caso; o el mío como el de un instruido. Esta democracia es una cosita de buena fe puesta porque aparentemos de lo que parece ser que es, pero que se queda en apariencia, en el aliño de una palabra que engalanan de manera fina, que hinchan a voces, que cuelan por los oídos y los ojos y que emociona, hasta que se la percibe hinchada, sin asiento fijo ni cara frescachona. Así mismo lo solté en un corro.

—Entelequias —me dijo Sabino el peluquero, que asoma por la Virgen de agosto. Le pregunté que a quién le había oído ese vocablo. Fue honrado en lo que cabe y me confesó que a don Miguel de Unamuno, al que más de una vez le cortó el pelo y arregló la barba en Salamanca.

—Pero cuando don Miguel de Unamuno te lo apuntó seguro que no se refería a la democracia —le dije.

—No, qué va; hablaba y hablaba, me gustó la palabra y la aprendí.

—¿Y a qué viene ahora?

—Pega, ¿no lo entiendes?

Después de oírlo, comprobé que no era igual atusar la cabeza de don Miguel que tener su cabeza. Y se lo hice saber. Pero Sabino a lo suyo:

—Pega como sello en sobre, coño.

¡Ay, leches! Me apenó aún más la palabra democracia, mal servida no sólo por los que la manoseaban sino por quienes tenían que entenderla desde los peldaños bajos de la escalera. Y así, hago lo que puedo por despreocuparme de los dolores que me produce el mal uso de lo que podría ser muy bueno. Queramos o no, hay muchos Sabinos que recuestan en el mismo lecho entelequia, boyero, ministro y aguijada. Y cuando las tienen juntas no les sacan una idea en limpio.

Aparte las memeces de Sabino y tantos otros, te diré, Encarna, que los tejemanejes de los de arriba son mondongueos políticos. Si los oyeras discutir cuando se juntan, te apenarías; se quitan la razón por quitársela: si tu blanco, yo negro y a joder, que me visto del revés. Cuando discuten te ríes, y esto parece bien; pero sólo te ríes, y esto parece mal. Cabe que tengan humor y distraigan con algún pronto: pero luego, al caso. Porque la vida tiene dos posos: uno de gracia y otro de quehaceres.

A veces le digo a Dolores: «Deja la tele y la radio a ver si veo u oigo claro»; otras, le digo: «Quita la tele y la radio a ver si veo u oigo claro».

Uno nació simple como la tierra, junto a la tornadera y el bieldo, y lo remenea la nada sin delicadezas. Ves que la tornadera y el bieldo están quietos. Intentas reconocer de quién es la mano de la nada y te apenas al comprender que la mano importa poco, que lo que importa es que si un día estás panza arriba, te plazca o no, al siguiente estás panza arriba y ya puedes protestar, que sigues siendo mudo porque tuviste el azar de nacer al lado de una tornadera y un bieldo. Se me escapan así tanto y tanto las creencias que suelo recogerme en la costra de los años y pensar que la mano de la nada es Dios.

Pero mal rayo me parta, Encarna, que no me entiendo, pues unas veces digo que era rebelde y otras que no me dejaron verter la rebeldía. Y así te lo recordaré más adelante. ¿Por qué sucede esto? Puede ser que a Dios lo hagan y por eso sea la nada. He sido en la vida desobediente. El desobediente no va contra Dios sino contra los que fabrican el dios de la nada. ¡Padracos se rebuja tan lejos! ¿De qué sirve no ser obediente si eres ignorante? ¿Cómo vencer la injusticia si la desconoces? ¿Hasta dónde mi libertad? ¿Hasta dónde la tuya? De la vida nos dieron cuatro hechos y un juego de palabras bonitas que colocamos en el aparador junto a los platos de la abuela. Pero cuando los dos estemos muertos, los que miren el aparador sólo verán los platos de la abuela. ¿Qué más? Alguien les volverá a dar los cuatro hechos y el juego de palabras. Pisamos la tierra y hacemos historia. Al morir, la historia que hicimos la entierran con nosotros. ¿Tú sabes, Encarna?

Rememoro contigo y rebrinco en el ayer, tomo el sol de antaño, traigo la fuerza del cuerpo y del alma al presente, la pongo delante y me solazo con ella. Y qué fortuna la mía, Encarna, ahora, la de conmemorar nuestros días.

Vimos crecer a los hijos y a medida que medraban apaciguábamos las entregas del cuerpo. Entraste un poco en carnes y me gustaba tocarlas, todavía magras, con el esmero de las pasiones regladas. Nos acostumbramos a vivir entrambos con el paladar humano de la naturaleza en su momento, aprendimos a despedir los brincos gozosos y a compartir y tener pareceres distintos sin que escamparan ni se vertiesen los entendimientos. Rondabas los cuarenta y tantos y yo los cincuenta y pico y meditábamos largos ratos en soledad: el uno en los campos, o sea, yo, la otra en casa, o sea, tú, sobre algún asunto que nos concernía. Y al pasar un tiempo, más o menos siete días, ¡pumba!, lo acercábamos a la mesa a la hora de comer. Entre cucharada y cucharada tanteábamos con sensatez la cuestión. Si tú antes, yo después; si yo antes, después tú. Y te digo esto, que parece una memez, porque sé de muchos que al relatar el uno lo que piensa, el otro ya no relata sino que discute el primer relato. Y ahí vienen los ladridos, las palabras rechinantes, los baldones, las patadas a las sillas, las empelladas a la mesa y los portazos. Ea, nosotros no, Encarna. Supimos respetar la escucha, y siendo de humilde follaje el encame de nuestras letras nunca sacamos papel donde apuntar lo que el otro traía a colación, sino que valiéndonos de la memoria en ella quedaba impreso todo. Luego callábamos lo debido antes de hablar, tal si fuéramos lentos, lo cual poco, poco cierto era. Al final, siempre lo mismo. Uno de los dos decía:

—Bueno, ¿qué hay sobre ello? —y soltaba lo suyo.

Y me acuerdo con agrado, más del que te puedes suponer, que al arrancar en las respuestas solíamos principiar: «Dices, y dices bien». Luego venía el pero: «Pero yo creo que...», «pero yo pienso que...», «pero a mí me parece...», «pero yo entiendo...»

Resultaba natural. Una conversación sin peros es como el agua estancada, que no encuentra salidas. Cualquier asunto que tratáramos tenía al menos veinte peros por cada parte aunque algunos fueran hermanos. Los peros acababan por acercarse a fuerza de enderezos, y cuando casaban se iban en abrazos y desaparecían de la cabeza como si no hubieran existido nunca.

Los hijos, te recordaba, crecieron y los forjamos con nuestros cuatro entenderes. Por demás, les colocamos la naturaleza delante, que la palparan: vieron brotar los trigales y contemplaron, también, el desastre después de una tormenta, las espigas abangadas sobre los surcos; aguantaron a pie firme el espectáculo del esfuerzo humano roto por la furia de los cielos, y sin decirles «¡llora, coño, que la cosecha de este año se malogró, joder, llora!», aprendieron a llorar bien tiesos, mirándola, atusándole con la punta del pie el talle tronchado por la cintura. Los sembrados semejaban los cadáveres de las gentes de un pueblo, naturaleza achuchada por la naturaleza.

El año cincuenta y cinco, si no me engaña la memoria, la mañana de San Juan todo se fue al pijo. Que si piedras como huevos de gallina, que si rayos a mansalva, que si árboles con rajas por la mitad, que si ovejas muertas, que si reses arrastradas por el turbión, que si no aparecía Nazaret, la niña de Cándido y Elisa. Los músicos esperaban en la plaza (ya digo que era San Juan, la fiesta grande), y aguantaron hasta las once de la noche, solos, sin un compás, no salía la danza. Un año entrañando la fiesta, añorando la cosecha, un año reza que le rezarás a Dios, y Dios, qué leches, muy mandanguero en los cielos con el plato puesto y el mañana resuelto. Algo parecido a esto dije y tú te santiguaste porque no era lo propio sino soportar, que así es la vida, me recordaste agarrándome el brazo, y yo bien que lo sabía.

Me calmé, pero ya me había oído Atanasio *el Enfusa*, y soltó lo de que yo no era Remigio a secas, pues harto se notaba en mis palabras el mote de *Vinagrón*, y que el vinagre saca la acidez y no respeta ni a Dios. O porque los nervios todavía atizaban despedidas o porque algunas palabras enojan, el caso es que lo agarré del pescuezo, válgame qué animal soy, y delante de los dos hijos suyos, que andaban por los doce y diez años, le dije:

—¡Ponte de rodillas, me cago en la ley, y pídele al de Arriba que me perdone por lo que he dicho!

Resultó muy dura la imagen, y tú, Encarna, tirabas de mí hacia atrás y los hijos se pegaron al padre, qué lástima, leches, qué lástima, y lo querían levantar, pero sólo decían padre, padre, y lloraban. Y yo, con lo mío: que lo dijera.

Y él:

—Que perdones a Remigio *el Vinagrón* por lo que acaba de decir, Señor.

Y yo:

—De *Vinagrón*, nada. Vuelve otra vez.

Y él:

—Que perdones a Remigio por lo que acaba de decir, Señor.

Y yo:

—El amén.

Y él:

—Amén.

Le aflojé la gorja. Lo agarraron los chavales, cada uno por un brazo, y no lo soltaban, y cuando se iban los tres calle adelante Atanasio *el Enfusa* era un hombre humillado. Aguanté mal la imagen y me puse a himplar sobre tu hombro y me llamaba a voces cabrón, más que cabrón, puta, más que puta. No sentí tu mano apagar mis pesares, sólo sé que apartaste el hombro y dijiste:

—Eso no se hace.

Alargué las manos por decirte que ni lo pensé, pero me faltó tiempo pues te adelantaste:

—Hay que pensarlo.

Me avergonzaba salir de casa y me senté en una silla. Al anochecer, las sombras ofrecían respaldo y me eché a la calle. Iba rascando las paredes y buscaba el amparo de lo que estaba más fosco. Llegué a casa de Atanasio *el Enfusa* y abrió la puerta Jacinta, la suya:

—Quiero ver a Atanasio.

—Él no puede.

—Por qué.

—Está en la cama.

—¿Qué le pasa?

—Tú sabrás.

—Jacinta, coño, dile que se levante, que me quiero excusar.

Jacinta estaba a punto de soltar las lágrimas, y porque no se le derramaran me pegué la vuelta y le pedí:

—Cuéntale que he venido, y a qué.

Al día siguiente el sol lució como unas castañuelas por la mañana y, siendo domingo, Atanasio no estuvo en misa. Me acerqué a la taberna, y tampoco. El personal me ojeaba como a perro rabioso. Esperé que la taberna se llenara. Cuando cabía ni un dedal de agua referí lo que ninguno ignoraba:

—¡Eh! —dije—. Ayer falté a Atanasio *el Enfusa*. Se comprende que no quiere perdonarme pues no anda por aquí, seguro que por salvar el cruce. Digo delante de vosotros que los arranques míos fueron propios de una acémila. Así que, públicamente, aunque Atanasio esté ausente, pido perdón a él, a Jacinta y a los hijos de ambos.

—El perdón es cosa suya, Remigio; vale más que se lo cuentes al *Enfusa* —señaló el tío Emiliano, de lo mejorcito de Padracos—. Te conozco y eres legal, haré lo que pueda, sin prometerte nada.

—Con eso basta, tío Emiliano, con eso basta.

A la semana me llamó el tío Emiliano. Que si quería ver a Atanasio trajinaba en el corral. Cuando me hallé frente a él abrió la boca y no me dejó ni musitar, fíjate en el detalle; alargó la mano y dijo:

—Ya está, Remigio; yo también falté.

—Mira, hazme si puedes —le pedí— un favor muy grande: llama a la mujer y a los críos que se enteren de que he venido a que me perdones.

—Andan por ahí; te habrán oído.

Salieron por la puerta del pajar, que lo tiene a la derecha, en el corral, a tres o cuatro varas de donde hablábamos, y mientras abrazaba a Atanasio le dije al oído como porque me oyera él sólo:

—Cojones, qué alegría tengo.

Los niños lo engancharon de los brazos como entonces, pero qué distinto. Jacinta me preguntó si quería una pinta y me mandó entrar en casa.

Conté a los muchachos lo sucedido. Que no viniera después algún citote, o sea, un cuentista picotero y les ciscara en las entendederas con verdades a medias. A finales de agosto, en la era, junto a un balaguero, se lo relaté. Se precisa empeño a la hora de confesar a los hijos suceso tan poco agradable, porque, siendo uno tan humano, atropellan en ese momento dos pareceres, a saber: el de haber obrado como animal y el de tener que confesar que lo has sido. Achica mucho ante ellos, pues viéndolos tan crédulos y mirones, que sólo alzan los ojos y abren la boca por escuchar las grandezas del padre, pierdes la oportunidad de arrobarlos con ellas y te embadurnas de carencias. Pero si no cuadra, no cuadra.

Luego se tejen los olvidos, te los llevas una tarde al campo, digo a los hijos, y les enseñas las tierras del horizonte echándose a cuestas el cielo, y les dices creyéndotelo tú mismamente:

—Qué forzudas son las espaldas de la tierra que pueden con la cúpula del cielo.

Y ellos responden:

—Huy, padre, qué forzudas.

Te pones así como farragoso, medio nublas la vista, te vuelves trascendental, apuntas con el dedo en círculo y añades:

—Mas si un día se os ocurre despreciar la hermosura y grandeza de esta tierra que todo lo sujeta, la cúpula del cielo se afondará en los medios y se derramará hombros abajo de la tierra hasta que la aplaste. A vosotros también.

Se acurrucan como temiendo el peso que se les puede venir encima:

—Porque arriba habita Dios, del que unos dicen que es espíritu puro y otros que nos hizo a su semejanza, y que, por lo tanto, pesa. Y si lo abarca todo no sólo con la mirada sino también con los brazos es que es grande en demasía. Así que su peso será bestial. Si Dios cae al tiempo que la cúpula, el mundo quedará tan fino como el papel de fumar.

Entonces te percatas de que los niños, es decir, Tomasín y Otilio, le están cogiendo miedo a Dios y caes en la cuenta, Encarna (¿a que es verdad lo que te voy a señalar?), que sin querer arrimamos a los hijos la imagen de Dios que los padres nos echaron, la de un pastor con tralla y perros que nos corre nada más acicalarnos con el traje de lo humano. Por amainar el asunto, proclamas:

—Dios tuvo un hijo que vino a la Tierra y, hombre como nosotros, era también Dios y murió en la cruz por nuestros pecados.

Aquella tarde les enseñas que todo es un misterio muy grande y que sólo los obispos y los curas lo saben, a mor del Papa, que es el que más, pero que vive en Roma. Y retornas a casa con la idea de que no has jodido el tema con las explicaciones pero que anduviste cerca, lamiendo la cepa del poste que dicen los de la radio en los partidos de fútbol.

Oscurece. Te paras. Agarras a Tomasín de un brazo y a Otilio de otro. Les pides que se paren y miren arriba, que es malo andar y mirar a un tiempo, pero que es bueno pararse de cuando en cuando en el camino de la vida y husmear con los pies quietos un buen rato las alturas, porque, al cabo, cuando retornas la vista, la traes llena de una distancia que no alcanzas ni con anteojos y te hace pensar en lo bajitos que somos.

Como los chavales, por más que abren la boca no entienden nada de lo que les refieres, les avisas, antes de que muevan los labios, que no hagan preguntas tontas y que de vez en cuando se paren en el camino de la vida y echen la vista arriba. Y que vámonos.

Al cabo, Tomasín pregunta:

—¿Qué hora es la buena en eso de mirar ahí?

—No hay hora.

Y que cuántas veces.

Que tres.

¿Y que si son más?

—Mejor.

Y que si se está así todo el día, qué pasa.

Que se hace el memo. Y que tire adelante.

Con estos aprendizajes, aunque laderos, los muchachos, andando los días, principiaron a enderezar la cabeza lo debido y sin exageraciones. Te referí que poco a poco asomaban los ojos por el mirador de la fe. Me agarraste de la mano y tiraste unos pasos adelante a la par mía, como empujándome: si yo me preocupaba de contarles los misterios, tú, al andar a mi vera, querías decir que también.

Los dos eran silenciosos. Les advertí que a veces convenía soltar la lengua ya que por ella se vaciaban las espesuras del pensamiento, que solían atormentar lo suyo. Se lo recomendé en el año cincuenta y nueve; tenía Tomasín los diecisiete y Otilio catorce. Pero a quienes son de natural callado ya les puedes azuzar, que ni ladran. Eran pachorras, nunca ordeñarían pensamientos al sabio. Te señalé que no teníamos precisamente dos lumbreras, tampoco dos tontos, pero sí de talantes quietos. No sufrirían, no, la quemazón de las ideas rascándoles el forro del caletre, comerían el pan del día si lo había o si no el duro, o sea, carecían de los hábitos de la exigencia, y en escaso tiempo se encaramarían al carricoche de la costumbre igual que el noventa y nueve y medio de cada cien. Así que les iría al dedillo el surco, la mujer mansa en su nido, la cría de la mansa, la sementera, el pantalón de pana, la siega, el paso de los años, la segunda cría de la mansa y el canto del gallo por la mañana que los desperezara.

Y como la casa estaba requeteacabada (era un gusto verla, y lo es, con la hechura del nombre tOMASIN, con t minúscula), había tres nidos familiares en ella, cuatro, cinco y hasta seis.

Pero me apenó verlos tan escasos de atrevimiento. Ese día me senté en el sitial, me miré los pies y olían a sudor, me miré en un espejo la cara y era un cacho de conformidad; me miré por dentro, Encarna, y había como un ovillo de intenciones. En los adentros se guardaban no sé cuántos ansiones de correr mundo, muchos más de protestar, qué se yo cuánta mala leche había allí cuajada, y se podría haber tejido un traje de los pies a la cabeza con la cantidad de amor por ti. Por demás, me convencí de que el sitio estampa y define y que la charanga que muestras es la que el entorno te propicia. Y así las pretensiones, me cago en la cuca rabona.

Esa mala leche, Encarna, a la que entonces no quise dar importancia, me alegra tenerla. Valiéndome de ella te contaré lo que debo contarte que, aunque estoy a gusto contigo, ya se me corroen las entrañas.

Será después de solazarme a tu lado con la quietud y de pensar algo más en los hijos, que si con el tiempo respetaron lo esencial, perdieron la costumbre y se trocaron en monigotes. Mal suceso en el bregar del hombre. Los hijos nuestros son monigotes o peleles, y jode; los monigotes sólo escancian obediencia y son tan endebles que se tuercen a la voluntad de quien los trae entre manos. Me cago en diez, soñar con los hijos, hacerles una casa como un palacio, echarle una apuesta a Tomasín, agalbanarme con Otilio en los brazos las noches de invierno al amor de la lumbre hasta quedar dormidos los dos, venir de la siembra, dejar los pertrechos por el suelo y alzar a los rapaces por alto, sacarles las cosquillas de la barriga, ponerlos debajo del vientre de la cabra y ordeñarla porque les cayera la leche caliente en mitad de la boca abierta, andar a gatas cuando andaban a gatas, prestarles el sombrero y la cayada que compré en Rebanos porque se fueran de fiesta, peinarlos tú, mujer, a raya, decirle a Otilio «ponte tieso que parece que tengas chepa», esperarlos despiertos hasta las cinco de la mañana por miedo a que algún mal nacido nos los jodiera por siempre, envejecer con ellos, callar con ellos, andar con ellos. Envejecer, Encarna, sin darte cuenta de que te haces viejo y te empiezan a tratar por viejo. Cago en diez, Encarna, cago en diez.

Puede que haya que respetar a los hijos como son. Eso dije. Y lo que te acabo de contar no es un pronto: también lo pienso. Se me hinca la rebeldía en las entrañas, no quiero mojigatos. Llevar los redaños en las entrañas y no echarlos al aire tampoco es cosa. Y si tengo recio el hincón pero no lo saco a relucir, ¿de qué vale? El temple manso de los hijos nuestros no es otra cosa que un querer ser y no ser. Por eso vengo a decirte lo de antes: desde tiempo, mucho tiempo atrás, me conformé con la quietud y aparente simpleza de los hijos, porque los empeños míos acunaron una vida simple. ¿Y el yo soñador? Vete a saber.

Te contaré que, alguna vez, encima de la burra, con la azada al hombro, iba enhebrando cuatro ideas y al llegar a la huerta se las soltaba a las patateras en voz alta. Nadie me oía. Si venía Quico *el Entero* al atardecer a desbrozar los linderos de la suya, me callaba.

—Algo hablabas en alto —me decía.

—Quiá. Ando a vueltas con un puto topo que agujerea los surcos.

—Pues declamabas como cuando se echa una comedia en Padracos.

Y tenía toda la razón, aunque yo, en los adentros, dijera mal rayo parta a este barruntador.

El campo quedaba en silencio. La perorata a medias. Las plantas, al fin y al cabo, se embebían de agua, y mis palabras adiós con el viento. ¿Pues qué te imaginas que era aquello? Falta de confianza, puñetas, falta de confianza. Bien sabía yo que las patateras eran sordas. A la burra también le soltaba discursos, ¿no te lo había dicho? Meneaba las orejas y me daba con ello un qué de confianza. Justamente porque sabía que era una burra. Pero luego, si se acercaba Quico *el Entero* (que es *Entero*, no creo que lo sepas, porque al morirse su hermano Régulo de unas palúdicas, dijo el bestia: «Ahora, lo de padre, *tooodo* entero mío»), se me ahogaban las palabras y dejaba las razones pudrirse dentro. He sido un soñador en lo de proponer. Se me quedaron al menos dos cuadernos de ideas, la mayor parte de cuyas páginas ni siquiera he leído. Así las cosas, me da igual tener hijos memos que agudos. Si echas los cálculos de modo ligero, notarás que casándote conmigo has tenido lo mismo que si te llegas a casar con Florencio *el Pelines*. Más aladares los míos, más rizos y caracolas en el pecho y en algún lugar de servicio y para de contar. Hijos, te los habría hecho *el Pelines*; casa, también; traerte a colación una historia de la guerra, por seguro. Y digo Florencio *el Pelines* como podría decir Antonio *el Rastrillo*, que aunque arrastraba los pies y era zambo, poca importancia tenía ir dejando un carril en la tierra cada vez que se movía si no resultaba que hasta la intimidad de tirar el pantalón le quedaba señalada. Hijos, te hubiera hecho igual que yo (dos le hizo a Serafina); la historia de la guerra, lo mismo; la casa, también; y, por demás, te hubieras entretenido en comprarle alpargatas cada semana (gastaba más goma que un párvulo) o un par de abarcas al mes o zapatos de charol por la fiesta; a la polvitera que levantaba al caminar cuando llegaba el tiempo seco se acostumbra cualquiera; más levanta una piara y ya ves que nadie se queja.

Estos ejemplos, que a lo mejor te molestan porque crees que ando coñeándome de ti, dejan al desnudo lo vulgar que soy. Sin percatarnos íbamos pasando la vida, y tú, Encarna, jamás tuviste el atrevimiento de compararme con nadie ni de anhelar algo distinto. A qué santo. Yo era lo que tenías, y lo de los demás de otros era. Comparar, ni mentarlo: estaba ante ti una grandeza que llaman Remigio *el Vinagrón*.

Pero no era verdad. Se comprende ahora, desde este asiento de calma, de cabeza gacha y moscas cazurras que andan al olor. Se comprende porque el viejo pierde la vanidad. Y si tú estás en lo debido, sacarás de mí, ahora, cuando más guarro estoy, una idea limpia: me bajarás de los pilares a los que, por ser recios los quereres, me alzaste, y yo te obedeceré. Todo llega a su tiempo. No sé si entonces, siendo joven, habría querido bajar de las pilastras. Y si me hubieras empujado con las palabras diciéndome, «Remigio, no te las des, que eres corriente», habría cogido la cayada y el sombrero que merqué en Rebanos por mostrarte (como aquellos jodidos que te contaba antes) la nuez y la soberbia. Quién sabe.

Después de llegar al hondón de la vida, que son los años, y ver el brocal allá arriba, en la picota, la imagen de lo vulgar se cuelga en uno como un escapulario y nos enseña los dientes de la verdad. O sea, que el hombre (y la mujer también) se considera más de lo que es y por eso pide que los hijos que nacen de su sangre sean más de lo que pueden. El hombre quiere ver en los hijos las alturas que no alcanzó. De maduro le cuesta encontrar la verdad y acaba diciendo: «Mala saña, me salieron hijos tontos, éstos se me quedan a mitad de camino». Luego, cuando achuchan los años y no puedes mover ni pies ni manos, te preguntas: «¿Pero qué mitad es ésa?».

Con Tomasín y Otilio conformé la vanidad que nacía de mi persona y pensé: «Bueno, si son flojillos de caletre, qué se le va a hacer».

Y te lo conté. Se quedaban muy por debajo del padre (claro, sólo te lo di a entender), y rematamos que si eran buenicos tendrían mejor doblez. Les hicimos acomodo junto al terrón y la mancera, compramos una pareja más de vacas, cercamos entre ellos y yo la corralona que había sido de mi bisabuelo Sergio *el Toma* (un hombre que lo daba todo sin miramientos), compramos treinta ovejas y dos carneros, luego veinte más y otro carnero, les enseñé a esquilar, a podar los árboles, a vender corderos en los feriales, y no les quitaba el ojo si algún gitano andaba cerca porque los gitanos eran enredones y ellos ingenuos.

Tornábamos un día de la aricada y caminaban detrás, cuchichea que te cuchichearás. Me volví, como el que no hace, y se callaron. Se fueron quedando, quedando, y si antes venían a cinco pasos, luego a quince. Cuchicheaban. Paré en seco y les dije de mal guay:

—El viento me viene de frente y no oigo nada de lo que decís.

Se amonaron.

—¿O es que no se puede?

—¿El qué, padre? —preguntó Tomasín.

—Saber qué murmujeáis, o como Dios se diga.

—No es cosa, padre —volvió a hablar Tomasín.

Iban delante dos reses, y al lado mío, moviendo el rabo y acezando, Pascual, el perro medio portugués.

—¡Pascual, para a ésas! —grité.

Pascual se aculó en mitad del camino, delante de las vacas. Cogí un pedrusco de la pared del herbazal de Tadeo el *Coinogalán* y me senté en la mitad también.

—A ver —requerí.

Se rascó la cabeza Tomasín. Otilio, ni esta boca es mía.

—Que todos se van, padre —soltó el grande.

—¡Ah! ¿Conque es eso?

—Eso mismo.

—¿Y qué tiene de particular?

—Pues nosotros, que qué hacemos aquí.

Y me acordé de que ni siquiera habían ido a la mili. Se lo dije:

—¿Qué queréis, almas de cántaro, si ni siquiera marcasteis el paso?

—Es otra cosa —dijo Tomasín.

No habían ido a la mili porque su madre les avisó:

—Alegáis que tenéis los pies planos.

—Lo que nos faltaba —te reconvine a solas—, Encarna: cortos de caletre y planos los pies.

—Pues los tienen.

—Y mucho.

Primero al uno, luego al otro, los que decidían se los repasaron de cabo a rabo y soltaron sin más dengues:

—Inútil.

Dos veces pronunciaron los entendidos la palabra inútil; una en el sesenta y uno y la otra en el sesenta y cuatro. Recuerdo que salí de casa, me arrodillé frente al Cristo de la fachada y le pedí:

—Cristo, borra de mí la palabra que le acaban de decir al muchacho.

Me arrodillé dos veces; una en el sesenta y uno y la otra en el sesenta y cuatro. Cristo me escuchó: a los tres meses y pico en cada caso la tenía olvidada. Resultaron tres meses duros los primeros, tres meses duros los segundos. A ningún padre agrada que le llamen al hijo inútil.

—La mili enseña —le contesté, sentado en el pedrusco, a Tomasín.

Se callaron.

—Se hablará en casa con madre.

Volví el pedrusco a la pared y envisqué a Pascual:

—¡Janda! ¡Vámonos, chucho!

Como solíamos hacer, hicimos: pensar una semana, que resultó larga.

Una noche, a la hora de cenar, estando los muchachos en la taberna, hablamos. Primero tú, luego yo. Tenías las manos sobre la mesa y eran finas; los dedos largos; los cruzaste. Te escuché sin levantar la cabeza. La cena se enfriaba en la fuente. Sólo miré tus manos; se abrían y cerraban como si abrazaran los pensamientos. No te busqué los ojos porque no me influyeran. Eran los tuyos ojos muy guapos y evité verlos por si acaso. A veces me torcían las intenciones ellos. Las jaras rechispeaban. Entre medias, si parabas de hablar, se escuchaba el ronroneo del gato. Pudiste haberme hablado de Padracos, echarle historia a la cosa, decir que allí nacieron los muertos y que ninguno se marchó. No me hablaste del cementerio ni de los muertos. Nunca lo hacías. Te importaba el momento. Los de hoy dirían de ti: «Esta mujer tiene sentido práctico». Así dicen de los que no andan con rodeos a las razones. Afuera llovía y caían las gotas por la boca de la chimenea. Se oía el chuf al estrellarse sobre el tocón encendido. Era un ambiente tranquilo, muy útil si se quiere escuchar sin alteración. Mientras cae la lluvia uno se remansa. Llenabas de vida las palabras con la voz, con ser tan queda. Me embaí un momento recordando algún suspiro tuyo, de aquellos tiempos gozosos, y no oí una palabra que habías dicho:

—¿Cuál decías? —te pregunté.

—Sandías dije.

Acabaste de hablar y ladró Pascual; era el ladrido algo mustio. Estoy seguro de que esperó a que terminaras. Y eso que estaba en el corral.

—Si ladra dos más, son los muchachos que vuelven —recordé.

—Es pronto todavía —advertiste.

Ya no ladró. Hablé lo mío. Enredaba con la cuchara y luego con la hogaza de pan, desmigándola, hasta que me la quitaste de los dedos. Doblé luego el hule, porque resulta, Encarna, que andaba algo incómodo. Me sucedía siempre que la charla tenía su qué. Estaba el hule todo desflorado de aquella parte. Lo liaba como un cigarro largo y lo volvía a desliar. Así hablaba mejor. En ocasiones me habías dicho que era como un niño, siempre jugueteando. Acabé mis razonamientos. Pascual no ladró y dije por los adentros: «¡Coño con el perro!».

En resumen, Encarna, no acordabas en lo de la marcha de los muchachos, porque aquí vivían seguros y allí irían sin tener oficio ni beneficio. Ni amistades. Por los finales vino lo de la sandía, es decir, dijiste:

—Aquí abres una sandía y está llena de agua limpia y dulce; allí a lo mejor va pintada y al abrirla hiede.

Que era malo, señalaste, llevar a casa una mujer regada con aguas de revolcadero.

—Son simples y dóciles, Remigio, y saben poco. Mejor aquí.

Yo argumenté que si el mundo era grande había que echarle una ojeada. Que si no ves otros horizontes claro que te conformas, pero que el hombre ha de echarle un pulso a la vida, ponerle la zancadilla a lo desconocido y esperar a que caiga. Que por mí no estaba del todo mal que probaran. Si querían volver, aquí tenían lo que dejaban. Me callé respecto a lo del agua que bebían algunas mujeres por esos lugares pues lo sabía de oídas.

Después, como siempre: que los dos teníamos razón. Se posaron los peros encima de la mesa, y tú los soltabas abriendo de vez en cuando las manos y yo doblando y desdoblando el hule. Hubo peros en demasía. Y siendo el pero palabra de medias tintas (diferente de sí o no, que resultan tajantes), se amansa y lía entre las razones que vienen por la derecha y por la izquierda, ya te he dicho, hasta que pierde la poca autoridad y se torna dócil y apacible cual cabestro. El cuerpo de los peros, todos juntos, no es flaco sino orondo, pues está frío por estar ya muerto.

Todo quedó según razón. Sólo había que atar los cabos sueltos. Llegamos a la conclusión de que podían irse. Luego vino otro pero que, al empujarlo con igual ímpetu las dos partes, la tuya y la mía, no acabó sobre la mesa, más bien se metió dentro del razonamiento y allí quedó cumpliendo por siempre su misión.

—Pero —y éste era el pero— antes los tiene que preparar don Enrique, el maestro.

Padracos, por entonces, era mudo, las voces jóvenes habían emigrado sin pensarlo dos veces. Pasabas por la vera de las casas y los portones estaban tristes y las bisagras chirriaban lentas porque las empujaban manos viejas.

—Los demás se fueron ya, madre —dijo Otilio.

—Déjalos.

—Allí no preguntan los godos, padre —aseguró Tomasín.

—Yo no lo sé —le contesté.

—Yo sí. Belisario, el hijo del tío *Coscoja*, dice que a él le dieron una pala como las de Padracos, que no se diferenciaba en nada.

—De todo habrá —le respondiste. Y que don Enrique sabía lo que tenía que enseñar.

El maestro hablaba riéndose de lado cuando vino a vernos. Yo pensé: Nos quiere comunicar que estos cazurros no aprenden ni jota. Te lo dije con la mirada. Resultó lo contrario. Me tranquilicé aunque seguía hablando y riéndose de lado. Luego, qué tonto es uno, recordé que siempre hablaba así.

—Allí hay oposiciones. Si se está atento a las convocatorias se pueden presentar.

Contó que era mejor opositar (palabra que oía por primera vez; ¿y tú, Encarna?) que aprender por aprender.

Si opositaban y aprobaban tendrían un puesto fijo. Lo demás ya vendría.

—Les voy a ser sincero —dijo don Enrique—: en este movimiento llamado emigración, emigran listos, listillos, los llamados normales a la buena de Dios, normales con algo de preparación, cazurros y analfabetos. Si echamos mano de las estadísticas, que son pocas por ahora (y las mejores las caseras, es decir, las que uno elabora con sentido común), el 0,5 por ciento son listos; listillos, el 4 por ciento; normales a la buena de Dios, el 45 por ciento; normales con alguna preparación, el 3 por ciento; cazurros son muchos y analfabetos demasiados; y los que faltan de esta lista, cazurros analfabetos. La emigración es un movimiento de masas al que el Gobierno no pone coto sino que apoya porque nos ahoga el subdesarrollo. Van a sufrir lo suyo los emigrantes.

El maestro se quedó mirando una oruga que subía por la pared; encendió una cerilla y se le vieron enseguida las intenciones de quemarle el culo. Tuvo suerte de caerse antes de que la chamuscara.

—¿Sabe usted qué es un bidé? —me preguntó de sopetón apagándome la cerilla cerca de las narices.

—Lo tengo oído, pero no.

—¿Y usted, señora Encarna? —te soltó de soslayo mientras buscaba la oruga en el suelo.

Que tampoco.

—Es natural —y empuntó a la oruga de un botazo a tres metros—. Es natural que no lo sepan. Pero lo importante es que Tomasín y Otilio lo tengan claro.

—¿Qué es un bidé? —apremiaste, Encarna, a los muchachos por la tarde al rebasar el portón.

—Pues no sé, madre, de repente, o sea, ni éste tampoco.

Estaban rojos como tomates y se alejaron poco a poco, eso sí, de lado, como queriendo decir que no se iban del todo.

Al día siguiente, a la hora de comer les volviste a preguntar que qué era un bidé, con aquel candor tuyo en los ojos. Ellos ya esperaban sentados.

—Madre, ayer no lo teníamos claro y hoy don Enrique nos dio la solución.

—¿Y qué?

—Que un bidé es un tabú de los nuevos.

—¿Y qué es un tabú de los nuevos?

—Igual que un tabú.

—Deja los dengues, Tomasín —me cabreé.

—Tabú es una palabra que se dice poco.

—Por qué.

—Porque las tabúes son palabras mal vistas.

—¿Entonces bidé es una palabra mal vista? —preguntaste.

—¿Es un taco? —dije por probar.

—Qué va.

—¿Es una blasfemia? —volviste.

—Qué va.

—¿Pues qué coños es, Tomasín? —me cansé.

—Una palabra que necesita otra que la sustituya.

—¿Y cuál es la otra?

—Don Enrique dice que en caso de apuro vale lavapiés.

—Así que un bidé es un lavapiés. Acabáramos —te tranquilizaste.

Pero yo me quedé con la mosca detrás de la oreja:

—¿Has dicho en caso de apuro, Tomasín?

—Así dijo don Enrique.

Y entre tú y yo quedó la cosa más precisa cuando llegamos a la conclusión de que el bidé se utilizaría siempre que no hubiera palangana o baño de cinc.

—No parece palabra de por aquí —señalé.

—Eso dice don Enrique, que es un extranjerismo o barbarismo.

Al acostarte le dabas vueltas, Encarna, al dichoso lavapiés y te pedí que lo dejaras, porque había que joderse qué aprendían los muchachos, es decir, barbarismos o extranjerismos, y que los propósitos nuestros llevaban camino. Te dormiste recostándote del derecho.

Hasta que un día por la tele enseñaron un retrete que ahora llaman servicio (¿hará el oficio de todo como la palabra cosa?), y allí estaba el lavapiés o bidé, que era lo que parecía: un lavapiés.

El bidé dejó de llamarse lavapiés cuando los hijos se casaron, y las suyas, sabiendo que en casa no había trajeron uno de quita y pon. Según te aclararon, ellas, en verano, aseaban y crinaban el mondonguillo al levantarse y después del serano. Ya sé, Encarna, no me atosigues, dijeron que se hacían la *tualé* y la higiene íntima, palabras que mean fuera de tiesto, qué quieres que te diga, y vierten mal la enjundia de lo que abarcan en sus expresiones. No son como tripa, vejiga, rumiaco, amusgar, cochiquera, que cuando se acercan al oído se aposentan en el tiesto y sueltan sus enterezas.

Don Enrique llegó una mañana con un cartapacio de papeles. Traía informes de la capital sobre el asunto de las oposiciones.

—De las cinco que se celebrarán el próximo mes, a tres pueden presentarse; las otras son demasiado fuertes —dijo.

—¿Y si aprueban las tres? —le preguntaste.

—No caerá esa breva. Lo normal es que suspendan las tres. La suerte es que se repiten cada mes y medio. Entonces algo saldrá.

Y como si fuera un mago de los que asoman por la televisión y dan un teléfono porque les preguntes lo que te va a pasar, que sin verte ni el pie del que cojeas te lo aciertan, así resultó don Enrique.

—Hubo suerte —comunicó al cabo de cinco meses. Ellos cumplieron. Por si acaso, yo removí un poco los bajos.

—O sea, que los recomendó —pregunté.

—Claro. Hoy todo funciona igual. No vales lo que vales sino que vales lo que vale tu padrino.

Escribieron una carta desde la ciudad y les tropezaba la morriña en cada vocablo. Hasta le sacaban buen ver a la esquina de la casa de Tolva *la Necia*, que estaba ruinosa desde que su padre, Leandro *el Job*, también llamado el *Bienlojodiodiós*, que en esto Padracos anduvo en partes (mala suerte la suya, pues le falleció la mujer, Ana, de parto, y la niña le salió corta, y se le murieron las vacas de golpe y quedó en la miseria; más o menos como al de la Biblia), tuvo que asistir desde un sillón de mimbre al derrumbe de la esquina, ya digo, mientras se le arrimaba la parálisis que lo espetó en el sitio, con los ojos fijos en la pena de no poder solucionar las cosas. Me acuerdo mucho de Leandro *el Job* o el *Bienlojodiodiós*, porque sabe uno lo que es un Job, un Jobcito, un Jobzazo y hasta un Jobzón cuando se amainan los brincos, se encorva el espinazo y se muere la iniciativa por no tener un músculo que funcione.

La esquina de la casa de Tolva la Necia, *padres, tiene un algo propio que tira sin descanso de nuestros pensamientos. Por ejemplo, madre, el mismo rodeo que teníamos que dar cuando pasábamos por allí, porque nos habías dicho: «Mucho ojo con la esquina de la casa de Tolva* la Necia, *que pierde piedras que es un placer». Y de esos rodeos se acuerda uno aquí, después del trabajo y sobre todo al amanecer. También a la hora de entrar en la fábrica y sentarse uno en la silla, junto a la mesa, viene el recuerdo de los pontones del regato, padre, que cuando el regato se secaba nos sentábamos en ellos a liar un cigarro y a decir con Dios a la gente. Y de los saltos de las sardas en las aguas de la rivera. De todo. Ovidio se trajo de la fábrica un calendario que va por meses, y tacha, nada más ponerse el pijama (madre, ya nos hemos hecho a él), cada día que pasa. A ver si así llega antes la Navidad.*

A don Enrique se lo quisimos reconocer y le regalamos un jamón.

—El de la cerda blanca, que tiene menos tocino —dijiste.

Don Enrique comía poco. Solía decir que la soledad le mataba el hambre; que le entraban ganas de comer en la escuela, con los niños, en mal momento, claro.

—Luego, llega la hora y me dejan solo en el comedor porque no me quieren molestar y me sobra la comida.

Don Enrique se hospedaba en casa de Diego y Benigna, que medio tenían y tienen algo de posada.

—Es curioso —decía— que cuando llego a casa no consienten que se me acerque Dieguito porque dicen que me molesta. Es decir, estamos juntos en la escuela, venimos juntos a casa, salimos juntos de ella, y en casa ni cruzarnos en el pasillo. Les he pedido que el niño coma conmigo pero no hay tutía. Es gente de buen cierre en la cabeza, Remigio.

Por Navidad no se marchaba de Padracos y lo invitamos a comer. Apareció con el jamón que le habíamos regalado. Los muchachos, o sea, Tomasín y Otilio, contaron cosas, lo justo siendo tan poco habladores.

Fueron Navidades de humo por la prisa en pasar. El dos de enero los despedimos por segundas. Cuando el coche de línea se iba, el hueco se agrandaba y se nos cayeron las lágrimas, Encarna, en el mismo hueco. Si los huecos sacaran las lágrimas de los que lloran, cuántas charcas se llenarían, mujer. Quise decírtelo pero me calmé: bastante ardía la lumbre sin echarle rachizos.

Con el tiempo, las cartas se distanciaron. Pasaba Ceferino *el Valija* y tiraba calle adelante sin torcer. Se me iban los ojos detrás de Ceferino y nunca lo miré tanto, pues hasta percaté que tenía el culo un poco respingón, la cabeza ladera del derecho y que cojeaba un tris. Apreciaciones que si andas a otra cosa se te escapan. Al principio no le decía nada. Luego, al pasar, le gritaba:

—Oye, *Valija,* ¿has visto si tengo algo?

—Nada tienes.

Y a la media semana:

—Míralo bien, coño, no se te haya caído.

—No jeringues, Remigio, una carta es como la hembra, que si se coge no se suelta hasta que te la lleva el destinatario, que es la muerte.

—Tú mira bien, por si acaso.

—No jeringues, Remigio, que esto me cabrea.

Después, de mala leche, al verme, antes de que lo mirara me decía:

—Hoy tampoco. Otro será.

Tomasín acertó con una muchacha y andaban enredones según nos contó de pasada en unas vacaciones que vino con Otilio. Dijo que la quería, y que tal, que se llamaba Ita. Al cabo de tres años, que no tengo por qué recordarte la miseria de una vida sin cartas por más tiempo, se casaron. Esto era en el setenta y tres, ya un poco maduro el muchacho. Dos años después se casó Otilio con Marga.

Me acordé en las dos ocasiones de las sandías de agua limpia y dulce y de las sandías que hieden. Y a una primero y a la otra dos años después las miré detenidamente (me refiero a las mujeres de los muchachos), y como eran jóvenes (los nuestros les sacan ocho años a cada) y tenían la piel fina no les encontré ni pinturas ni polvoretes, pero les dije, primero a una, dos años después a la otra:

—¿Tú te pintas?

Ita mojó el dedo gordo en saliva, se lo pasó por la cara y me lo enseñó:

—Mire, mire, ni rastro de potingues.

Y Marga, a los dos años:

—Toque, toque.

Y yo, como Ita había mojado el dedo en su ocasión lo mojé también. Ya sé que no fue lo propio pero Marga aguantó, y al mirar el dedo tampoco se veía una broza de pintura.

—No se pintan —te dije ufano.

—No lo precisan —contestaste.

La preocupación me bullía por dentro. Pero viéndote con aquel natural tan plácido, viviendo los momentos, me refiero a las dos bodas, se me pasaban pronto los recelos y bailaba con ellas y contigo y te soltaba al oído una verdad como un teso de grande, es decir, que eras la más guapa y lozana. Me apretabas la mano como si te llenara la complacencia y me sentía satisfecho. Llevaba yo en las dos bodas el sombrero que compré en Rebanos y miraba por las alturas pero no conseguía sobrepasarte, lo que me reportaba una alegría grande. Me parecía que teníamos una vida larga por delante, pues los demás estaban tan a ras de suelo que hasta que rondaran nuestra altura no era justo que las vidas nuestras se cortasen. Jamás me quise hacer a la idea de que llegara la soledad, jamás. Ni la quietud. Ni que la cayada que compré en Rebanos me empinara muy por debajo de la altura normal.

Tomasín se olvidó mucho de la tierra. Un año se acercaron Otilio y Marga por Navidad. Esto fue en el ochenta y tres. Y en el ochenta y cuatro falló la visita.

Oliendo la lejanía en manojo, les escribiste aquella carta en la que les pedías que vinieran la Navidad siguiente, pues querías hablarles de la casa. El quince de diciembre ya estaban aquí.

Que qué bien, tú abrazando a diestro y siniestro. Que cómo tan pronto este año. Y sacaron regalos de las maletas, pusieron dos cirios a la imagen del Cristo de la fachada, que no pegaban ni poco ni nada siendo la época que era, o sea, el tiempo del Nacimiento, y colocaron un árbol artificial (así lo llamaron) en la sala grande.

—Hay aquí árboles a troche y moche —se me ocurrió.

—Sí, pero es conveniente guardar el ecosistema —me acuerdo bien porque nunca había tenido conocimiento de la palabreja que soltó Ita, así que nunca se me ha caído de la memoria.

—¿Y qué es el ecosistema? —preguntaste creo que por preguntar.

Ita, muy cabal, te explicó:

—Verá, madre —me miraste cuando te llamó madre y no cabías en el cuerpo—, el ecosistema es la casa de las cosas.

—¿Ahora las cosas tienen casa? —le pregunté—. Yo creía que a las cosas se las colocaba en las casas y que las casas eran cosa de las personas.

—Bueno, no me he sabido explicar con claridad: el ecosistema es la casa del aire, de la humedad, de la temperatura, de las plantas y de los animales, incluido el ser humano, por supuesto.

—O sea —le dije—, el ecosistema es la Tierra.

—Eso es. Aunque la Tierra tiene muchos ecosistemas: por ejemplo, esta casa —. Como perro pastor, Ita había llevado la palabra casa muy bien al redil, y te había puesto el motor en marcha.

—Quería hablaros de ella —cortaste, Encarna, de sopetón.

Y como Dios hizo la luz, así se hizo el silencio.

—Padre y yo pensamos que aquí sobra casa, y que, cuando queráis, podéis venir, pero no cuatro días. Y, por demás, que es vuestra si os place, con la sola condición de que nos dejéis vivir en ella hasta que muramos.

—No hables de muerte, madre —saltó Otilio.

—Es un trance que llega, hijo —afirmaste tranquila.

Les hiciste saber que estábamos solos. Ita preguntó

al día siguiente si se firmaría algún papel que testificara lo que allí se había dicho, por evitar complicaciones venideras. Y tú, que sí, claro que se firmaría.

Les vi entonces la prisa en los ojos a ellas, y a los nuestros mirar los ojos que tenían prisa. Te lo advertí por la noche. Ya habías caído en ello. Mas me respondiste eso: que era verdad, que si no los atraíamos con algo los perdíamos. Meneé la cabeza y te di la razón. Y con las palabras a medias, tal si cometiéramos un delito, propuse:

—Tengamos calma, mujer, tengamos calma.

Eras una cordera al mirarme.

—Está bien, tengamos calma, Remigio.

Pasó la Navidad, pero en tanto, cuando hablamos con ellos y con ellas, ni una vez se nos entrevió la palabra calma ni tampoco la contraria. Una de cal y otra de arena.

Temías la soledad y, seis meses después, te quejabas:

—Qué solos estamos, Remigio. Démosles la casa de una vez.

Firmamos un papel y otro y otro más delante del notario un día que viajamos con los fines bien claros a la capital, sin decírselo a nadie. El notario pidió las firmas de los hijos.

Rompimos el silencio. Firmaron. Nos besaron los cuatro. A mí no me ha vuelto a besar ninguno desde entonces. Y que yo sepa a ti tampoco. Esto sucedía justamente en junio del ochenta y cinco.

Mas a lo que voy. Ahora sí que te lo cuento, Encarna: aquí los tienes a todos, mujer, percátate, han venido desde la ciudad y a ésta va la vencida. Ya vendieron la casa. Juraron delante de ti que no la venderían mientras tú o yo quisiéramos vivir en ella, y como comprobarás no entienden de juramentos ni tienen palabra de honor. La vendieron sin otra, y ahora sí que me llevan, me arrancan la raíz de cuajo y verás qué poco me duran el tronco y la mollera.

—Usted lo que precisa es tranquilidad y comodidades —me dicen ellos; que me deje de ensoñaciones tontas, que el pueblo es una miseria, que aquí no hay nada.

Rediós, qué pronto te echaron en el olvido, Encarna, soltarme a bocajarro que aquí no hay nada, como si tú no estuvieras. Ellas vienen igualmente que unos pingos, corriendo de un lado a otro, enterándose de todo, parecen correcaminas, las tías. Se metieron en la sala, que no quise ni verlo, y no dejaron títere con cabeza: vaciaron la cómoda, quitaron los cuadros de las paredes, el reló de péndola, ¡ay, leches, qué ganicas le traían al reló, Encarna!, el compañero que siempre nos miraba, que nunca nos llevó la contra, que nos señaló el tiempo de cada cosa. Qué fulanas de la gaita, digo, aunque las dos sean mujeres de los muchachos, cómo tiraron del reló.

—Ey —les pedían a los nuestros—, el reló, ey, hay que bajarlo, ojo no se nos quede. Y en la cocina, qué sé yo la que armaron: desnudaron el vasar y el aparador, empapelaron las fuentes y sacaron la tinaja. A Ita, la de Tomasín, le dio por las llares y no les quitaba la vista.

—Oye, Tomasín, quítame esa cadena o como se llame.

—Y qué falta te hacen a ti las llares —cortó Tomasín.

Y ella, que hiciera lo que le decía, que lo demás ya estaba previsto. En la tinaja metieron las trébedes, las cucharas, el cobre que nos espigaron por la boda Manuela y José Luis, que en paz descansen, los espiches, las tenazas (yo les atizaría los dientes con ellas, ladronas). Y salió la asquerosa de Ita con un cántaro al cuadril preguntando a los otros que si le iba. Que ni pintada, le dijeron, que mismamente parecía que hubiera estado toda la vida en el pueblo. No sabes qué risas, Encarna, de ellas, las pelanduscas, y de los nuestros, un par de calzonazos que no saben poner el respeto donde hay que ponerlo. Porque tú llevaste a diario el cántaro al cuadril, cargada como una burra, con una herrada de la otra mano, y eso los muchachos lo vieron y debería ser entrañable el recuerdo, un cariño y un respeto a la misma vez, que lo tuvieran prendido en la imagen. Se reían con menos empeño que ellas, es verdad, como si un remordimiento les pegara sopapos en los hocicos, pero se reían. Hasta que me miraron y vieron que levanté la cabeza. Entonces disimularon y ahí se paró el festín.

Marga, la de Otilio, se subió al sobrao, lo remeneó todo y empezó a tirar los cachivaches escaleras abajo. «Otilio, va, Otilio, coge». Y Otilio, como un sansirolé, amontonándole abajo dos pares de arrapeas, cuatro leznas, una zolacha, el bieldo viejo, las chancas de mi padre (qué falta de respeto, nosotros que las colgamos de una punta considerando lo que significaban), pobre padre, cómo caían las chancas a trompicones. Tiró también de las cribas y echó rodando la zaranda grande que daba pena oírla caer al bote; por más, la azuela, las alforjas que me compraste en la feria de Rebanos, los serones, una albarda y qué quieres que te diga, todo lo que enganchaba. De modo y manera que se hizo a la entrada de la casa un montón de mil demonios, más grande que tres sojaos del carro juntos. Por fin apareció la vulpeja, empolvada cual Jeremías *el Maquilón*, con telarañas prendidas al pelo, haciendo ascos de lo guarro que estaba todo, y traía un escoplo, el que me regaló mi madre al cumplir los quince, y no se le ocurrió otra a la palurda que empezar a sacar virutas del portón de la casa.

—¡Ay, Dios, pero serás burra —grité sin contenerme—, que me escoñas la puerta, chacha, trae eso acá!

Mira, Encarna, te juro que se me volvió como una loba, estiró un tanto la mano con el escoplo y yo me dije: «Ésta me descalabra, formal que me descalabra». Pero Otilio estuvo al quite, restó importancia al gesto de la fiera, le cogió el escoplo con cierto disimulo y torció luego la conversación. Mas la cosa quedó clara y a Marga se le vio de qué pata cojea.

Ha tenido mala suerte con ella el chaval, ésa es la verdad, porque las hembras que se cuadran y se revuelven no es que tengan un pronto, es que van armadas con escopeta de dos caños y si les falla el primer tiro te sueltan el segundo y santaspascuas. Tú bien lo decías: «A los hijos nuestros les convienen muchachas de poco alcance, porque ellos son como el pan tierno, que se le mete siempre el diente».

A mí me parecía la cosa de otra manera, ya ves, yo decía, esta vida de aquí está muy vista, déjalos que experimenten y que escojan lo que les parezca, pues si se aposentan en la capital a lo mejor no les agrada llevarse del pueblo a Paca, la pastora, buena zagala, bien es cierto, pero algo cerril, al fin y al cabo, que en cuanto la eches al mundo de la ciudad se te acojona, le entra el cuajo y se vuelve a la corte en menos que canta un gallo. Y quien dice a Paca, a Justina, la que medio anduvo con Otilio, hacendosa como la que más, pero que lleva la jara en el sayal y lo mismo se sienta en la tajuela que se apandonga sin ningún miramiento en el sillón del rey. ¿Me entiendes por dónde iban los tiros cuando te decía, «esta moza algo tiene, esta moza algo..., o sea, simpleza»?

Al fin y al cabo ellos sacaron las oposiciones, se metieron en la fábrica y allí fueron creciendo el uno al lado del otro y tienen buenos puestos. Mandan lo suyo, y comprendo que las mujeres deban ser presentables y con formas.

Por eso, cuando trajeron a Marga y a Ita al pueblo, primero a una, luego a la otra, te digo que venían encaladas como las paredes, aunque yo no les tocara las pinturas, por lo que tanto tú como yo les pusimos la vista encima y dijimos en cada ocasión, «bueno, pues está bien, es maja, se ríe cuando debe, habla cuando se le pregunta, razona la vida y nos tiene un respeto. Sea. Que se case con ella y a vivir: no sabrá coser un calcetín, se le quemará la comida, gastará más de lo debido, pero eso se va aprendiendo». Lo importante era verlas así de torcaces, suaves en el plumaje y en el gesto.

Me confundí y te confundí. Se me escapó de la cabeza aquello de que venían de visita y que la altura de una pájara sólo se conoce cuando vuela. Y que no valen cábalas porque nunca aciertas. Si no fueran hijos tuyos y míos, hoy mismo les hubiera pegado un escupitajo a la altura de los zapatos, que es donde llego, no doy más de mí.

Tienen dos coches en la calle. Antes no sabía dónde se iban a llevar este desmoche. Hasta que apareció Colino con el camión grande. Colino trae a Flores y a Anselmo de ayudas. Colino no dice nada, nunca hubo gran confianza, nosotros aquí y él en sus negocios. Con Flores y con Anselmo es otra cosa; me miran y se paran:

—Tío Remigio, ¿conque a la Villa? —me dice Flores.

—Eso parece.

—Todo llega —dice Anselmo.

—Llega, galán, llega.

Pues que me conserve, me desean, visera en mano, los dos a un tiempo. Es un detalle guapo.

Me siento inútil, Encarna, y solo. Mira que sentirme solo con los muchachos al lado. Los criamos, crecieron y tienen cara de extranjeros. No huelen a nosotros, no huelen a ellos. Si viviera Pascual, el perro medio portugués que olfateaba las fiestas a tres leguas, no les hubiera seguido el rastro. Ya jode, perder la identidad de este modo, que ni el rastro se manifieste. Es un mal muy grande porque a los que así les pasa olvidan a la madre, al padre y a toda la parentela. Se quedan sin fato, no huelen la tierra que los tuvo en pie, ni a la madre que los parió ni al padre que los fue a buscar a las cinco de la mañana al berzal del Morucho cuando dormían la primera mona. Si los vieras comprenderías que nosotros fuimos escobajos que levantaban polvo al barrer, gente sin hondura, belitres de tres al cuarto que tejan la cocorota con un pañuelo negro o con una boina capona; a lo sumo, pedazos de carne que se ligaban entre jadeos por las noches con la gana en los cuerpos haciendo hijos cuando acertaba la cosa.

No nos tienen por más. En otro caso, que les significáramos algo, hablarían conmigo en cualquier momento, y aunque bien sé que tengo mis rarezas y otros males de palabra y hecho, repartiríamos las miradas, que no me llegan por ninguna parte. Es igual que me fije en el norte que en otro punto cardinal, que me dé la vuelta como un tirinene: no hay miradas a mi alrededor; espaldas y más espaldas. Marga, por ejemplo, siempre me pone el culo en las narices y no para de rascárselo tal si tuviera gusanos; Ita no trae otra cosa que la de hurgarse por entre la cinta del sostén como si una costura le mancara; Otilio, con lo de siempre, ya sabes, las manos en los bolsillos rascándose por encima de la tela los huevos, vicio, Encarna, que no arrancó ni la preocupación de la madre ni los soplamocos que en su tiempo yo le di; Tomasín atusándose la nuca, más pelona que la mía.

Esta mañana todavía no sé lo que es ni una simple miga. La pendeja de Marga anduvo haciendo tostadas con miel y se sentaron los cuatro a desayunar sus buenos tazones de leche, y se ve que Tomasín me encontró mirando las Batuecas en el poyo de la puerta y le oí que le preguntaba a la suya si padre había comido algo. La otra alzó el hombro como a quien no le importa:

—Pregúntale.

Tomasín, que sí había comido algo. Y yo, mirando las Batuecas, que no, pero que daba lo mismo.

—Que no da igual, diga lo que quiere y se le trae.

—Lo que te digo, nada, así está la digestión hecha y tengo menos trabajo.

—Ahora sí que nos la dio —saltó Otilio.

—¿Quiere unas tostadas? —volvió Tomasín.

—Me añusgan.

Ita, por lo bajo, que me dejase, que a lo mejor no tenía ganas, que si él dice que no quiere, está claro que es porque no quiere.

—No es eso —contestó Tomasín.

—Pues qué —volvió Ita.

—Pues otra cosa.

Que bueno, anda, que no se preocupase, que si está mosca tiene dos trabajos, espetó Marga, la cual, dirigiéndose a mí:

—A ver, abuelete, no nos venga con ésas, diga lo que quiere y deje las medias lenguas, que no le entendemos; y espabile, que hay prisa.

Se me nubló la vista cuando oí a Marga, y pegué un gruñido más fuerte que el de un marrano de veinte arrobas. Qué manera de clavarme el colmillo esta víbora de Marga. Se volvieron sorprendidos, pero, enseguida, a lo suyo: ellas, con pinta de leche cortada y ellos con el morro en el bozal. Me entró rabia de ser viejo, y bien te digo que si no es por el berrido en ésa me ahogo.

Me distraje cuando pasó Cristóbal por la calle encima de la borrica, pegándole chancazos en el pellejo y sin mover la cabeza, como siempre que pasa. Me dijo que estaría contento, tener a los hijos cerca y marcharme con ellos a la capital.

—Eso es suerte, Remigio, eso es suerte —seguía diciendo todavía cuando iba por la puerta de Nachón *el Caldos*— y no como yo, Remigio, echándole una apuesta a la burra a ver quién se muere después. Lo tuyo es suerte.

Cristóbal siempre estuvo en la inopia. De chico se quedaba como un babieca cuando el maestro le preguntaba quién descubrió las Américas y, la verdad, aunque los había duros como encinos, el más vaina y melón lo sabía. Un lerdo, el pobre Cristóbal, que hace bien no curiosear cuando habla o va por la calle porque aprende lo mismo que si curioseara y, así, al menos, no se cansa. Tipos tan necios como Cristóbal nos dan peor imagen delante de señoritingas de urbe, pues consideran que todos somos iguales, es decir, nos miden con el mismo rasero.

El camión sigue llenando la andorga. Se llevan también las lentejas que tenía en dos medios costales, la miaja de trigo, los guisantes, los garbanzos, tanto los cocheros como los otros. Te haré un recuento de lo que queda porque tengas una idea: la artesa en la cocina, los cubetos a la vera del pajar, el catre y la cama de madera; y yo creía que el escaño, pero, sí, leñe, andan Anselmo y Flores detrás de él; y también se llevan el escabel y unas damajuanas con el vino que quedaba en los cubetos. Repiñan deprisa, la casa parece un baldío, y lo que nunca pasó pasa ahora: retumba la voz dentro. Pobre casa, qué sola te quedas, y yo no podré ponerte siquiera la llave en la cerradura, ni atrancar, que sería la última caricia después de tantos años de entendimientos.

Deben de ser las once de la mañana y me está entrando la modorra. Digo que será de ganas, si no, a qué santo; pero te aseguro que no le pido a estos candajos ni un molledo ni un dedal de agua.

Ya es la hora de que Dolores caiga por aquí, no sé qué coños estará haciendo. En tanto llega seguiré viendo la jera que hacen estas lameronas. Aunque ya, qué más, todo se lo cargan, y no tiran de la tenada porque Colino diría que en su camión nones, si no, déjate.

Ellas son la roña de la vida, no la que se me pegaba a mí. Hay una roña natural, la que viene del monte cuando lo tratas, lo mimas, le tocas el lomo porque se airee; es un polvillo que se te pega a las medias de borra y luego se te mete por entre las hilas hasta que te negrean los pies, sobremanera los calcañales. Esta roña se quitaba con tres broncas tuyas prometiéndome que no te acostabas conmigo en esas condiciones y, luego, pegándole al estropajo y rascando hasta que navegara por la palangana, que quedaba como sotana de cura. Es la roña bendita. La otra es una especie de enfermedad que se pega a la mente de las personas y embroza los pensamientos, de manera que cuando éstos salen por la boca en forma de palabras ofenden a Dios y al prójimo. A veces las palabras son palabras y en los vericuetos se las lleva el viento y es poco el mal que producen. Lo malo son los actos, Encarna, los de la roña humana: aplanan, trastocan los modos, mandan a los muladares la sabiduría de lo natural, apartan lo que les estorba, y a nosotros, a los que la vida nos enganchó y no nos suelta, nos matan de mentira, a cuero caliente, con el desprecio y el olvido. Se sufre, mujer, ya te digo, porque lo peor que hay en esta existencia es verse en la tumba con el ojo abierto y el corazón meneándose a lo loco. Dios no debería consentirlo, tendría que poner régimen y cortar por lo sano. A mí, por caso, mandarme un patatús y fuera. Porque hay cachos de vida que son cachos de muerte. Así se entiende que haya cachos de hombres que sean cachos de difuntos. Un difunto está frío, no se mueve, ni pía, le ponen cuatro velas, lo meten en la caja y al día siguiente al hoyo del Camposanto. Pero un difunto es también el que se sienta en la poyeta y recibe el culo de los demás. No precisa velas ni mortaja, el poyajo de la calle le sirve. Yo soy uno de ésos, por lo que le pido al Dios al que le anduvimos rezando que me mande la muerte de una puñetera vez y se deje de hacerme figurar la vida. Está claro que la vida tiene un destino que no acaba de cumplirse, porque los unos se mueren demasiado pronto y los que quedamos no pintamos nada, más bien dejamos de pintar. No se jubilan sólo los que trabajan en la capital, pongo por caso en un Banco, en una Caja de Ahorros, en la Diputación y en la Guardia Civil. Se jubila también el viejo que no puede ir tras el rabo de la bestia, que no menea bien la pata, que se duerme en la solana después de comer y que se queda mudo porque los hijos no tienen nada que decirle. A mí no me digas, pero bien a las claras se nota que el Sumo no se entera mucho de lo que se maneja en este asunto, pues si hizo la obra suya porque luciera y tirara, la verdad, sólo hay que mirar a un viejo y darse cuenta de que ni luce ni tira. El viejo es como un juguete sin cuerda o como una minga que no se empina. Bien recuerdas el caso de Santos *el Pichatriste,* que por culpa de una gaita floja se murió de soledad en un camino y ninguna hembra le hizo mortaja, nadie se preocupó de juntar un ramillete de amapolas, por lo que tuvo que llamar el alcalde a cuatro personas buenas que tuvieran a bien levantar el cuerpo de quien, aunque no lo pareciera, había sido hijo del pueblo. El caso de Santos *el Pichatriste* llevo un montón de años que no lo quito de la cabeza, y mira que lo suyo era distinto de lo mío, cuestión de pilila endeble y para de contar. Lo mío, que es lo general, lo de los viejos que hay en este lugar, es asunto muy complejo, de cuidado, somos postes de luz sin corteza, con la carcoma por dentro, sin hojas ni flor, el fruto perdido, esperando, como por burla, que el vendaval nos tumbe o que el fuego de la soledad nos haga morceñas.

Pero deja que te cuente porque con algunas ensoñaciones se me pone la mente en blanco, no acierto con lo que tengo delante y vuelvo a contarte lo que ya sabes. Vengo a decirte que estos corderos, Tomasín y Otilio, perseguidos sin descanso por sus señoras lobas, me anduvieron brincando alrededor como queriendo hacerme mohínes, y me puse en guardia, pues las tengo bien guipadas, a ellas, que son las causantes de los enredos. Me daban un palique y me adobaban que era un gusto, hasta que no pude por menos y les solté:

—Venga, al aire lo que tengáis que decir.

Eso era anteayer. Y verás la cosa: saca Tomasín un manojo de papelotes, me los pone delante y me dice que me entere, que es materia de notaría, que ellos se preocuparon del caso, y que si no lo andamos en el debido tiempo los de arriba se quedan con buena parte del valor de las tierras, de las mías, claro; que es una pena que pase así, siendo, como es de ley, lo de los padres heredad de los hijos, y que se patatín y que si patatán. Total que, aunque los vi venir muy rectos, yo, como si nada: me hice el sordo. Tanto que Otilio me preguntó si no oía:

—Poco, hijo, cada vez menos; se me acorchan los oídos y traigo voleos en la cabeza. Todo es lo mismo, galán: no oyes, no te tienes.

Que era la sangre, la circulación, dijo Ita poniendo dientes de rata.

—Será, no te lo niego, pero aquí, en el pueblo, pasa mucho lo mío; no sé en la capital.

Pues claro, que igual, que todos somos humanos y que lo que pasa en un sitio pasa en el otro, que por seguro yo tengo razón.

A buena hora, soleta, pensé por los adentros, me das tú la razón. Ay, Ita, que te calo.

Y me dio por jugar con ellos, Encarna, coña en crista, qué le vamos a hacer. Jugué con ellos como con una peonza. Me jodía por los adentros cómo me andaban lamiendo el culo porque firmara los papeles de un testamento que, con mejor acierto que en la cesión de la casa, tú y yo decidimos un día demorar. «Aunque se lo lleve el diablo», dijimos, me acuerdo como si fuera ahora mismo. Ya no catábamos fina la prueba. Mira si acertamos. Pues te repito que no paraban de enfusarme los pergaminos, o como se llamen, y tenían la firmeza de hacerme estampar el garabato. Me estuvieron chinchando casi tres horas y me traían revuelta la cabeza, así que cerré los ojos, tiré la nuca atrás, tapé la cara con el sombrero y me hice el longuis. Y aquí se les capó la gringa, no les quedó ni así de la alegría respingona del principio y se desgajaron sin concierto, de modo que refunfuñaban los unos contra los otros, las tías crearon una gaita de mil diablos, la liaron por lo bajo con mi persona, y creyendo talmente que estaba dormido soltaban que era un fullero, que a mí no me zumbaban los oídos, y Marga dijo que como dejara por firmar me iba a ablandar las encías no con rebojos sino con rollos de la desembocadura del río, que ni en pintura me vendrían. Ella, con otras palabras, pero yo te las escampo de marañas porque te percates de la mala leche que mamó la fulana.

Ahora, con la de cacharros que meten en el camión, la cosa anda muy activa. Vaya tejemaneje que traen. Pienso tentarlos otra vez porque me escoña levantar el ala a la fuerza. Si fuera por voluntad, la cosa cambiaba. Pero son muchos años los que tengo y, siempre aquí, se hace uno al sitio. Aquí, en Padracos, chupé el pezón de la madre, tiré el canto al perro, vi hozar al verraco, ayudé al asno, bien chiquito yo, a colocar la verga en su lugar cuando lo llevaba con el abuelo a la parada; metí mano a la que pude, y siendo un rapagón cargué a la Choni, que Dios tenga en su gloria, en el chivetero del tío Enrique, y ya entonces la Choni me dijo que tenía maneras. Y cuando te sobé a ti la primera vez tras la caseta del caminero me entró una hombría que me quitó las ganas de andar con otras, te lo juro. Eras como la tierra, ya te dije, que cuando la escardas un día al siguiente la encuentras más guapa y agradecida, y si te quedas mirándola te dan ganas de acariciarla y cubrirla con los brazos, con el cuerpo y con el pensamiento porque la mala hierba no la estrague ni la malogre. Por el agujero de una gatera vi parir a Dionisia y recogí su cuerpo tres meses después de la vera de una coscoja, cuando la rajó la culebrina que le entró por los pelos y le salió por las alpargatas; y el niño gruñía a quince varas de su madre, pues el rayo lo escupió y lo dejó asomándose al barranco de los Guijos. A Ricardín se lo contaron y me mira como agradecido, y yo le digo que no me lo ande reconociendo; al que le toca ayudar, ayuda y amén.

Por lo demás, mi padre me enseñó el término del pueblo. Y conocí las tierras, praderas, cortinos, eras, viñas, encinares y huertos que teníamos. Al poco supe recitar de memoria con quiénes lindaba cada propiedad de mi padre. El día que vinieron los del catastro me ofreció a que les ayudara en la faena y dicen que lo hice como un adulto. Y era poco más que un rorro. Pero amiga, de lo que se come se jiña, y yo llevo buen alimento sobre este particular. Los guijarros son como hermanos, la sombra de las encinas me conoce los sueños, no he tenido más que lo que la tierra me dio mientras regaba el sudor sobre ella; en los momentos malos repartí el plato con los demás y supe echar la mano al hombro del que sufría, dar y recibir consejo, respetar las tradiciones y no reírme de los que tenían males graciosos. He sabido parar a los que se lanzaban, y en no pocas ocasiones anduve de juez en las disputas. De manera que todo lo que soy se lo debo a las gentes que me ayudaron y ayudé y al entorno que abarcaban mis ojos. No tengo en la sesera otra herencia más grande que la de este mundo de veleta y cigüeña, de barro y chapazales, de adobes y riberas, de lobos y corderos, de bringas y coyundas, de maitines y vocablos de arriero. Esterqué los calveros porque les creciera la simiente en la rezura; lo hice con el ansia de que se sintiera la roca tan satisfecha como la hembra cubierta, pues las vidas del pueblo y de las cosas de su alrededor las he visto siempre como algaradas en silencio, o sea, expresiones de lo profundo. Y bien rasguñamos a la muerte cuando viene por estos lares, bien, con las uñas de la fe y le abangamos el lomo con el peso de los pocos que somos. Si digo esto es porque los que no olvidan a los muertos nunca los dejan morir del todo. Los muertos nuestros, los que descansan en el Camposanto, vienen a lo largo de los días agujereándonos el pensamiento y, cuando llegan las noches, al calor de la lumbre, contamos lo que nos dicen, que es lo que siempre dijeron.

Pues siendo así dime quién levanta los pies de un chueco como yo si el suelo los pegó con el espeso amasijo de una vida. Quién me va a decir, «vamos, anda, déjate de memeces, que aquí no hay nada». Sólo los pánfilos de tus hijos y las lebrelas de tus nueras, tan míos los unos y las otras como tuyos son, pero que dicho de esta manera, figurando tú delante, me quita la mala coña que me produce verlos tan cerca del parentesco y tan lejos de la convivencia.

Se está poniendo a llover y Dolores sin dar señales. Me voy a la cocina; tengo la impresión de que caerá agua de lo lindo. Por mí, buen vagar, como si no escampa.

Qué cosas, Dios me valga, que se me suelta la tos y las paredes de la casa me contestan. Lo desnudas que las dejaron las hacen parecer recién nacidas y, por el contrario, los años les cuelgan en hileras correosas como cueras de tocino. Retumban la voz, los pasos y los golpes de la cayada sobre el suelo. Da lástima ver las paredes sin el orgullo de los trebejos que les fuimos poniendo tú y yo, Encarna, aquellos mementos colgando de clavos; mementos que, al mirarlos, nos hacían cavilar sobre lo que había sido nuestra vida juntos. Los hijos nos arrancaron los recuerdos, los echaron al camión y andan rozándose los unos con los otros sin orden ni concierto, haciéndose daño, perdidos. Perdidos como yo, mujer, por esta casa, que levanté con las propias manos, sin tener dónde mirar ni a qué puntal agarrarme. Hacer hijos y verlos robándote el contenido, como si no existieras, como si los vientos del norte te hubieran llevado en volandas las reflexiones.

Este año cebé un garrapo y por diciembre era un cebón guapo del que hice buenos chorizos y longanizas y puse a curar los jamones. Ya sabes que no como de esto, en primer lugar porque ya no tengo buen estómago y, en segundo, porque tampoco tengo dientes. Pero me gusta cebar, porque es de bien cumplir en las ocasiones y atender a los que vienen a casa. En cuanto alguien de fuera me entraba de visita le tenía dicho a Dolores bajara el lomo y lo demás, y que el llegado fuera probando de lo que le diera por más antojo. Pues ya no tengo nada. ¿Te dije que trasvasaron el vino a las damajuanas? Al poco olieron los fardeles que guardaban la matanza del otro año y, animándose en seguir la obra, fajaron con cordeles lo nuevo, lo hacinaron de cualquier manera, que era una pena ver cosa tan suculenta estrangulada y reventada con cuatro hatijos sin maña ni conocimiento. Traían prisa en ello, con seguridad, porque no es de buen ver que te limpien tan lindamente los frutos que cuelgan de los cuartones de la sala. Digo que es como si me diera por ordeñarles de una mano las economías y los arreglos que ellos tienen en las billeteras. No tengo redaños ni ocurrencia, si Dios no me tuerce el caletre, de garduñar a un hijo. Por igual medida, el sentido de lo humano arremete contra la miseria de estos endinos y los hace andar de velado en algunos momentos de la rebañina.

Desnuda la casa, desnudo yo. Todo lo llevan, nada me preguntan. Y cuando los oyes darle al pico hablan de igualdad, de los derechos del hombre, de que ni gordos ni flacos, ni patronos ni proletarios. Dicen lo que oyen, porque hace bonito y suena bien, lo que cuentan los papeles, lo que sermonean filateros de oficio. Sólo palabras. Son tan simples que pisan la verdad porque la trapacería de los embusteros les aguija el trasero y les hace pisar lo que es hermoso, lo que tiene enjundia y emoción, lo que busca la unidad. Ellos hienden las verdades bajo el suelo y así les crecen sentimientos sin sangre, sin un relámpago de caricias ni un cuenco de buena voluntad.

No entiendo de democracias, pero vi a la perra lamer a los cachorros, a la gallina cloquear guiando a los polluelos, a los pájaros alimentar a las crías, amamantar la loba a los lobatos, y llevo un animal dentro que me sale con un natural tan simple que todo lo que es bueno lo levanto hasta las nubes y a lo que es malo le pongo el hacha y lo rachizo. Pues, aunque no tenga ya fuerza en los brazos, la esencia de la vida hace a lo bueno y a lo malo sin peso, y sólo con el poder de los sentires tengo suficiente. Tú me dirás: «Pero mira, Remigio, no todo es bueno ni todo es malo, queda lo que está en la mitad». Estoy contigo. En la mitad está el punto de encuentro de lo uno y de lo otro, que es lo que da lo regular. En la mitad están los listos y los tontos, los ricos y los pobres, el valor y el miedo, lo joven y lo viejo, los que mandan y los que obedecen, Dios y el diablo, la tierra fértil y el baldío, el palacio y la cabaña, la ciudad y el pueblo, lo dulce y lo amargo, los hijos y los padres, el amor y el odio, el trabajador y el holgazán, el padre que se aprovecha de los hijos y los hijos que se aprovechan del padre, el que mata y el que da la vida. Y junto a todo esto se encuentra el que ya por nacimiento es regular.

Pero si te das cuenta lo regular se estropea pronto, es decir, cuando lo bueno y lo malo se encaran. Así pasa que, en la vida, no sabe uno dónde está ni quién es, ni cómo nació uno, ni si lo hicieron de otra manera distinta.

Entonces, me volverás a preguntar: «¿Y cómo sabes tú lo que es bueno y lo que es malo?». Cuando miro con simpleza, me salgo de mí y veo al que tratan como libre y al que usan como esclavo. Que lo entienda no quiere decir que los demás no hayan de coger el hacha y rachizarme o, por el contrario, alzarme hasta las nubes o dejarme en el sitio. Ser bueno, malo o nacer regular, no supone que comprendas lo que uno es, pues no es lo mismo ser que ver lo que los demás son.

Con esto que te digo, queda claro que veo lo mal que los hijos me hacen cuando no me limpian la babilla sino la puerca que crié, ni el polvo de la casa sino el valor que la llena, y cuando me vuelven el trasero y no me dicen ni mu. Esto lo veo, pero quiero ser justo contigo diciéndote que no sé de qué manera soy yo con respecto a ellos. Es natural.

Y menos cuando todo anda caliente como ahora. Ellos hablan con Colino y ellas entran en la sala y le dan a la lengua que es un gusto. Presiento que van a liarse conmigo. Estoy junto al ventanuco donde se hallaba la alacena que, como recordarás, taponamos con cuatro tablones, como quien dice, en crucero y sin fratasar, y que parece la estampa mal amañada de la celosía de un confesonario; resulta como un colador que deja pasar algún provecho en forma de palabras. Ya empiezan a ponerme pingando, a insultarme. Tienen la inquina en el colmillo y si me la echasen al cuello sería hombre muerto. Al cuello o al dedo meñique, pues el veneno de éstas no se cría por aquí. Qué puercas, cómo me comparan con todos los animales del corral. Y esperan que firme los papeles antes de quebrar la pata. Dicen que ya harta andarle oliendo el aliento a este infesto. ¿Infesto? La primera vez que lo oigo. Tú tampoco guipas, ¿verdad, Encarna? Querrán decir insecto, vamos, digo, o sea, mosca, moscardón, fínfano. ¡Andarle oliendo la boca a este moscardón! ¡Vaya!

No aguanto aquí, me voy donde ellas y, así, o me lo dicen a la cara o se callan. Me oyen andar y se guardan. Me miran de reojo, con prisa, como si no se enteraran de que llego. Me siento en una silla y hago el espantajo. Algo es. O se van o arrancan. Marga se estira y parece un gamón de lo puramente flaca. Tiene una risa sin gesto que le sale por los ojos como a las alimañas. Se hacen un guiño, me parece, y a mover el pico:

—Cualquier día sufre una apoplejía e invéntate luego el grafograma de un dedo.

No entiendo nada, Encarna, por tu madre, de lo que dice esta chola loca. No entra dentro de lo que alcanzo. Ya sabía yo que tenía algunas letras, pero no tantas, vamos.

—De lo que una se entera —responde Ita—: así que refrenda con el gordito.

Y Marga:

—Ahora sí. Antes le proporcionabas un *rotring* y arquetipaba su apelativo.

Y Ita:

—¿Encuentras solución al dilema que alberga su postura cerrada?

Y Marga:

—Una.

Y Ita:

—La imagino: escindir a la altura del carpo, recoger para su debido uso la parte subyacente e incinerar el resto.

Y Marga:

—Demasiado humo y olores. Es más fácil.

Y Ita:

—¿Cómo?

Y Marga:

—Ponerlo en brazos de Morfeo, tamponar la epidermis en el lugar adecuado y plasmarla en el legajo.

Y Ita:

—¿Cuándo?

Y Marga:

—Antes de que el gallo cante tres veces.

Ay, qué zorras, cómo se ríen. Ita se desternilla. Le dice a la otra que es genial. Me miran y me siento como si me persiguieran dos perras de presa. Me buscan. No entiendo lo que han dicho pero sé que me buscan. Lo cato en el ambiente. Y si esto me duele, más daño me hace la afrenta de haberlas tenido delante de mí burlándose sin el menor reparo. Qué poco vale uno, Encarna, que sólo puede aguantar el dolor de las ofensas y no tiene más remedio que estarse quieto en la silla. Si fuera joven te juro que me contaban en cristiano palabra por palabra, porque les apretaría la gorja y las irían sacando una a una en cada respiro. Dan ganas de morirse, mujer. A la humillación no se acostumbra uno con los años.

Por fin vino Dolores. Tampoco se atreve mucho cuando andan estos por aquí. Dice que es un sacrificio mirarlos de frente porque le arriman a las orejas palabras que no le gustan, así, de caída. Me jura que la insultan y le digo que se ahorre los juramentos. Le pido un encargo y se le hacen los ojos más grandes que boñigas. Pero Dolores entiende desde su cabecita sencilla y servicial estas náuseas y regüeldos que sufre mi temple y, como siempre, me dice que sí con la cabeza. Se va, porque mañana, al amanecer, tiene que volver. Me desnudaré esta noche solo. No quiero que estas farotonas me vean como un inútil. Además, lo suelo hacer en muchas ocasiones por lo que no trae complicación nueva.

Quiero también decirte que no te preocupes, que cuando vino Dolores comí lo mío y endilgué buenos tragos de vino que guardaba en el belezo, detrás del horno, y del que si no es por Dolores maldito si me acuerdo. También, al oscurecer, los muchachos me ofrecieron comida y, a pesar del mal rato que me hicieron pasar antes las nueras, no quise desdeñársela, porque desde hace un poco andaba en darles un tiento. Al principio me quedé con ellos solo pero al cabo vinieron las mujeres oliendo los motivos. Les pregunté que a qué santos se les ocurrió vender la casa rompiendo la promesa que le hicieron a la madre, y que yo quedaba mismamente en la calle. Me iban a cortar pero sabía más o menos la respuesta y no tuve ganas de escucharla. Así que les dije que estaba en mis cabales y que no tenía necesidad de meterme en un mundo en el que, fuera de ellos, que bien poca cosa eran, les solté, no tenía otra, pues siendo tan modernas las mujeres suyas ni en parir se molestaban, que al menos los nietos alegran. Que aquí estaba madre, seguí, y los recuerdos, y lo otro, y lo de más allá.

Qué sé yo las razones que les di por las buenas. Y que por cuatro días es mejor vivirlos en paz y no como una pluma, de un lado a otro. Ellos volvieron a lo de antes: que allí estaré mejor, que si médicos, remedios, calor. Estos chicos nuestros son un poco lerdos, pues si se preocuparan de mirar las jetas de las mujeres verían que están cantando las cuarenta sin tener las cartas en la mano. Me salieron con lo de Dolores, que a ver si hago una barrabasada, o sea, si le voy a dejar la mitad de las tierras como dicen por el pueblo. «Méritos tiene», les suelto muy farruco. Y ellos me recuerdan: «Hombre, padre, que somos tus hijos». Yo les digo que qué son los hijos que no te miran, que te echan de la casa, que sin más preguntas te la dejan huera.

—Me jode mucho que tengáis tanta prisa en haceros con el plato que dejamos la madre y yo.

Tomasín saca otra vez los papeles:

—Venga, padre, firme esto, que a usted no le faltará nada.

—¿Eso dice que lo mío es vuestro?

—Pues sí, padre, no hay nada de malo, somos tus hijos.

—Como si sois los luceros del alba. No firmo.

Luego les digo que tampoco podría con esta mano, así de tiesa.

—Con el dedo, padre, con el dedo.

—Eso, y luego con el dedo éstas me ponen en el asilo. Ea, que no soy un buche.

—Se cierra mucho, abuelo —me contesta Ita.

—Y tú te espernancas, muchacha —le respondo bien alto.

Me levanto y me voy renqueando.

Esta noche me espera un ángel en la cama, nada más llegar, y vela conmigo. Oigo mucho movimiento en la casa. Son pasos livianos, como de cordera trotona, y ya sabes que en cuanto se sigila el movimiento no andan lejos los bichos. La tierra enseña mucho y uno espera siempre la pieza que salta tras el ojeo, o la que se te viene encima sin previo aviso porque no sabe a dónde ir, qué hacer, o sea, que se te cae en las manos, la recoges y le quitas la libertad matándola o enjaulándola. Pero hay otros bichos que se meten el ruido en las entrañas, se comen a cada paso la respiración, acechan el descuido de tus modos y te dejan tieso de un papirotazo o te clavan la muerte con el cuerno de la ponzoña. Dicen del lobo, del jabalí, de la víbora, del alacrán, del buitre y del perro rabioso. Dicen de éstos, pero los caminos del monte y las asperezas palpitan en uno como las hebras de sangre que corren por el cuerpo, y si algo anda por ellos rebrinca el corazón, despierta el ojo, pone el cuerpo en la postura de la defensa y se logra la victoria, quiero decir, se preserva la vida. De igual modo los árboles consienten el crujido de las ramas o te mandan la tiritona de las hojas, y el roble, hermosura de la naturaleza, suelta los agallones que restallan mientras cascan bajo el peso del animal que te acecha. Y de esta manera los enemigos del monte y los sanguinarios recelan mucho y tienen difícil su obra, pues todo se torna vivo y se defiende. Pero bien es sabido que el peor enemigo es el de la especie misma que uno tiene, porque sabe pensar de igual manera y escapa de las trampas aunque sea más torpe en los movimientos.

De cualquier modo, aquí me siento seguro. Es la casa, y ella sabe mucho de la afrenta a la que nos quieren someter estos mierdas de la ciudad y estará vigilando. Soy torpe, no tengo ligereza ni oído y las piernas no pueden ayudarme a salir de un punto difícil. Pero la casa retumba hasta con el pensamiento, tan desnuda, la pobre, que parece una recién nacida. Yo, en el acurruco de la cama, mientras chorrean los canalones el último turbión y el viento anda de farra por el pueblo silbando acá y allá, meneando la puerta del pajar de Toñaco, yo, Encarna, espero con un ojo abierto y el otro también, mismamente como las liebres.

Mira que te cuente y comprenderás: antes de acostarnos me vino la tos, y debió de ser la bendición que el cielo mandara a las tolondras de tus nueras, pues, tornando los modales que me procuraron hasta aquel momento, me previnieron que lo mejor en estos casos era lo de meterse en la cama. Tendieron sobre la colcha un mantón tuyo, calentaron el rollo, y como si talmente lo estuvieran haciendo de continuo lo rebujaron en una rodilla limpia y lo posaron entre las sábanas, a los pies de la cama. Yo me hacía cruces. Por fin me fui a la cama y me viene Ita con un tazón de leche de cabra, que la condenada sabe la tengo por gusto, la pone sobre el cacho de silla que hay en la cabecera y, sin más, va y empieza a auparme:

—¡Quieta, muchacha, qué coños haces!

Que me incorpora, dice, o algo parecido, que me tome la leche, que está bien calentita. Me puse un poco terco, sin alzar la voz, hasta que me dejó tranquilo, con la promesa de que cuando entrara en calor yo mismo me haría el servicio.

Con esa excusa se fue la ladina y anduve ligero, me alcé medio como pude y tiré en el orinal la leche y lo que rayos hubiera en ella.

Qué pencas, cómo me quieren hurtar la conciencia y la misma voluntad. El caso es que, Encarna, la carambola es algo vivo, siempre te lo decía, acuérdate, y lo mismo la encuentras en el nido de un pájaro, que mirando el lomo de una mula, que cuando te cruzas con Ángela *la Gabela* o con los hijos del *Cachucha*.

Lo que no tiene vuelta de hoja es que la carambola la encuentras cuando no la buscas. Y así pasó. Ea. Se tropiezan en la cocina Otilio y Marga, y aquél, a la buena, le pregunta:

—¿Ya te vas a la cama?

Marga le contesta que no y Otilio sigue:

—Como te veo cerrar la caja de las pastillas de dormir…

—He cambiado de parecer.

Y al tiempo, Ita, remeneando con la cucharilla la leche.

Dios, que estas putas me han revuelto las pastillas con la leche, pensé. Y se me quedó fija la idea. Así que cuando volvió Ita a recoger el tazón se quedó muy satisfecha y me dijo:

—Eh, no queda nada. Parece que le ha gustado.

—Y tanto. Prueba ello que me lo endilgué todo.

—Como Dios manda.

Y me dio las buenas noches.

Te decía que estoy solo con el ángel y me hace buena compañía, pero no se mete en otros líos. Cada ángel tiene su tarea. A éste, aunque le hables, no chita. Él, a lo suyo, a tenerte despierto, cosa poco fácil en mi caso porque llevo un día de perros.

Debe de ser la una de la mañana, y la casa (mi buena y desnuda casa), si la vieras así, despollada, helaíca, sufriendo la afrenta de quienes arrancan las voluntades de ser, es decir, la libertad. Veo tan viva la casa que me da por compararla con Nati, aquella muchacha recién entrada en moza, entera en forma y hondura, a quien los dos gochos de Quico *el Cefra* desfloraron, le tiraron la ropa a la poza y la dejaron a ella junto a una zanja como sobras al borde del plato. Luego Nati se volvió arisca, y cuando el padre la hizo casar con el bueno de Julio no pudo aguantar en la noche de bodas los primeros toques del infeliz y le cortó la cosa al ras con una barbera. Así la casa, y no le arriendo las ganancias al que venga a vivir a ella. Cobra justo por pecador, que es lo de siempre. Te digo que a esta casa nuestra le pasa lo que a Nati, y aunque la toquen con medida le salta el cuerpo, grita, avisa. Ahora mismo me lo está demostrando pues oigo el suave rasque de la puerta de la sala, luego el movimiento de las cortinas de la alcoba, y me llega un ruido que se parece a la risa y que, como supondrás, es la baldosa medio suelta que trae ganas de quejarse. En un pronto, da la sensación de que todo se para, es como si el tiempo dijera, acabé, no hay más. Pero el tiempo es el camino de los acontecimientos y nunca puede estar quieto. Si yo fuera el tiempo me pararía en muchas ocasiones haciendo frente a los destinos, desobedeciendo la orden eterna de seguir, que Dios, sin contemplaciones, le puso. Pero yo no soy el tiempo, sólo soy un hombre que espera lo que el tiempo me trae.

Llegan calientes los bisbiseos, cuchichean muy bajo, son ellas. Empiezo a roncar por lo menudo. Se confían. Ronco más fuerte. Ya las tengo aquí. Se acercan y me creen dormido.

—Ojo no se despierte —dice Ita.

—¿Se lo tomó todo? —pregunta Marga.

—Sí.

—Entonces, ni te lo imagines. Llevaba tres pastillas. Dormirían a un oso.

Toman confianza. No ven, encienden una palmatoria y cubren la luz con la mano porque no me dé en los ojos.

—Está roque —asegura Marga.

Me cogen la mano derecha y me aprietan con algo en el dedo gordo, como cuando te ibas a hacer el carné. Luego acercan los papeles y van poniendo el pulgar en cuatro o cinco sitios.

—¿Valdrá como firma, tú? —pregunta Ita.

—Claro que sí —dice la otra muy segura—. Aunque te parezca lo contrario, es un trámite tonto. Llevaremos el papel a la notaría, el notario pondrá lo que sea necesario, y las fincas, nuestras. Quiero decir, de los cuatro. Entonces el viejo se quedará sin nada, y yo no lo aguanto ni tres días, Ita. ¿O te lo quedas tú?

—¿Estás soñando, nena?

Que si tiene calentura, sigue Ita. Que ni en cuadro.

—Lógico —contesta Marga con mucha tranquilidad mientras recoge los papeles y prepara la marcha—. Así que la cosa está clara: llamo a Nicolás San Pedro, que mueve la cola por mí, y metemos al patán este donde sea. Nicolás lo arreglará, ya te lo puedes imaginar, y no pagaremos ni una gorda. Con el dinero de la casa y de las fincas compraremos el hotelito de la costa. Es así porque así tiene que ser. Estoy harta de vivir de un sueldo y con pocas más relaciones que las que nos cayeron por bendición del párroco de Santa Lucía.

Se van por donde vinieron pero ahora ni siquiera la baldosa se ha movido al pisarla. No tenía por qué. Me quedo muy triste, Encarna. Jugaron conmigo. Antes de marcharse me limpiaron el dedo. No queda huella del engaño. Son como niñas robando dignidades. Pobres niñas, si yo quisiera, mujer. Pobre de mí, que no quiero poder, pues nunca pensé que el egoísmo fuera tan duro, tan inocente. Si yo quisiera... ¿Ya no me crees, Encarna?

Al día siguiente

Son las seis de la mañana porque Dolores anda con la llave en el cerrojo de la puerta. Viene a traerme el encargo. Dolores camina con cuidado y el poco ruido que hace, la casa no lo propaga porque la conoce. Los demás duermen. Dolores me viste. No quiero comer nada. Estoy nervioso, Encarna, te lo prometo.

En un sitial del pasillo Dolores dejó el ramo de rosas que le pedí. Son rosas nuevas, casi capullos recién abiertos, apuntan con ganas hacia arriba. Me gustan las rosas. Por el tiempo, siempre te traía una cuando volvía del campo. ¿Te acuerdas? Dolores me abre el portón y entra la luz que es un gusto. El cielo está limpio, sólo la humedad en el ambiente. Me he puesto lo de ayer y la camisa buena, la que me bordaste con el nombre. Lo bien que bordabas y las cosas que ponías. Por fuera, el nombre: *Remigio*; y por dentro, como metiéndomelo en el corazón, bordado en oro, *Juntos hasta la muerte*.

Te llevó Dios hace ocho años, y no he podido ir a verte ni un día al cementerio. Se lo dije a los hijos:

—Yo nunca iré al cementerio, que el recuerdo de la madre ha de ser el de un amor que camina.

Te llevó Dios aquel mal día que veníamos en el carro, la Morita nerviosa y la Jarda más. Hacía un calor de mil demonios. A una de las dos le picó la mosca, no sé a cuál, alzaron las ancas y empezaron a correr tirando del carro, con nosotros dentro, por el cerro del Sillar, y yo no las pude dominar, el carro dio no sé cuántas vueltas y caímos terraplén abajo, sin saber el uno del otro. Ni tiempo de despedirnos, yo que siempre te miraba, y tú a mí, cuando salía de casa, y te volvía a mirar, y tú a mí, cuando retornaba del campo. Todos los días mirándonos, te vas por siempre y no puedo mirarte. Ni irme contigo, diosla.

Estuve entre la vida y la muerte muchos días y, según dicen, cuando menos lo esperaban abrí el ojo, vi a una enfermera que confundí contigo vestida de blanco como una novia:

—¿Dónde vas, Encarna, haciendo el carnaval, con ese hato?

La mujer se marchó deprisa.

—¿Dónde coños vas, Encarna? ¡Ven acá!

Al cabo, todo eran batas blancas, manoseos, aparatos, prisas. Pronto comprendí la situación y pregunté si tú habías venido. Alguien me dijo que no, que tardarías un poco. Al rato llegaron Tomasín y Otilio, que los mandaron llamar, y estuvieron diciéndome, «hola, padre», y al preguntarles por ti me contestaban con dos palabras y torcían la conversación, de manera que me dio malas moscas y empecé a recordar. Me fui tiempo atrás y me vinieron a la cabeza las dos vacas, la Jarda y la Morita, el carro volando, tú y yo dando vueltas un momento, y, luego, nada. Se me empezó a salir el alma del sitio y, sin casi poder, me revolvía como un cebón en el tajo, hasta que vino otra con bata blanca, me pegó un pinchazo en el culo y ya no me acuerdo de más.

Después me empezaron a remilgar las cosas, que estabas en otro hospital, que si te habías puesto un poquitín peor. Ya no me la daban, tú estabas muerta. No me atrevía a decírselo así a los demás, pero sabía que lo estabas.

Meses después me dieron el alta, me llevaron a casa de Otilio, y los muchachos me dijeron que habías muerto, que te habían llevado al pueblo, que allí descansabas. Querían que me quedara a vivir con ellos, y yo les fui claro: que no les pareciera mal, pero que me iba al pueblo porque estabas tú.

Todos sabían que nunca iría al Camposanto. Todos sabían que a mí me gustaba esa figura tuya llenando la calle, el aire de tus alas venteando las tristezas de un pueblo dormido. Yo no te iría a ver recogida en una fosa. «De las flores no os preocupéis —les dije entonces—, cada semana mandaré a Dolores que se las cambie. Vosotros llevadle la mejor cruz y la mejor losa».

Supe entonces que habían tenido que coger la cartilla mía del banco y sacar dinero por lo del traslado del cadáver y lo del entierro, que resultó muy caro, y que en aquella libreta no quedaba mucho. Que gracias a Pedro, el hijo de Puri, ya finada, que arregló el asunto, pues no querían dejar que nadie metiera mano en el dinero sin el consentimiento mío. Cuando Pedro dio las explicaciones al director, todo se arregló, dijeron. Yo les dije que tomaran la otra libreta y que compraran lo que les encargué. Así lo hicieron, y cuando me vine al pueblo tú ya tenías la cruz más alta y el mármol mejor.

Estoy contento de que así sea. Pero aunque andes tan bien cubierta me cuesta mucho ir a verte, Encarna. Mas no puedo por menos. Hoy me marcho a la capital con ellos, sabe Dios dónde pararé, en un garito de mala muerte. ¿Y qué soy yo sino una mala muerte? Hoy nos despediremos, Encarna. Todos los días he mirado el cementerio y ha sido la mirada de mis días.

Voy por mitad del camino y Dolores me viene por detrás llorando como una Magdalena y no me quiere contar por qué tanta llantina. A fin de cuentas, el que lo pasa mal soy yo, pero todo será como lo pensé. Me dice que no vaya, me agarra de la chaqueta y yo le aseguro que estoy tranquilo, que me he hecho a la idea de imaginarte bajo tierra, y que si me diera el telele por la emoción pues que sería el mejor sitio. La puerta del cementerio no está cerrada con llave, sólo hay una tranca que se quita con la mano. Dolores me grita:

—¡Tío Remigio, no entre ahí! —. Y me tira del brazo tieso hacia atrás, que casi me hace caer.

—¡Quita fuera, tolondra! —y la aparto como puedo.

Abro la puerta, y al lado izquierdo, Encarna, donde siempre te he visto con la imaginación, echo los ojos.

—¡Que no está, le digo! —me grita Dolores arrancando la voz desde muy dentro.

Miro a Dolores, luego otra vez al lado izquierdo, donde mandé que te pusiera flores cada semana, y no hay cruz que valga, ni losa de mármol. Casi corro hacia ahí. Todo vacío. ¡Esta tierra no te entoña, mujer!

—¡No la entoña esta tierra, Dios! ¡Dime, Dios, cuál tierra!

Qué mudo es Dios, Encarna. Sólo habla cuando pide rezos, sacrificios y promesas. Qué sordo y mudo es Dios.

—¡Dolores, tú! ¿Y ella?

—En la capital, en el Cementerio del Río.

Conque me lo tiene que decir una mujerica, y el Dios de la esperanza, el que me ha olido siempre a humo de Padracos no puede mandar una palabra. Ya duele.

Estoy que no me tengo, Encarna.

Abrazo la tierra que no tienes y la araño. Una tierra sin ti. Dolores, como una perrica fiel, llora conmigo.

—Tampoco en el Cementerio del Río tiene tumba —me cuenta Dolores—. Yo compré una cruz de hierro, pero la arrancaron años después, cuando tuvieron que enterrar a otro.

Yo que soñé el sueño tuyo de paz, a cuatro pasos el uno del otro, Encarna. Que alzaba el morro y la frente y, como quien no hace, me quería poner de puntillas por ver la punta de la cruz por encima de la tapia.

—Todo el mundo en Padracos sabe, tío Remigio, que la tía Encarna no yace aquí. Hasta los perros y los gatos. Y que le quieren sacar el dinero de las tierras como le sacaron el de las cartillas y la casa. Todo el mundo lo sabe. Y todos callan como imágenes porque no sufra. Y que los hijos no son buenos y ellas unas garfias.

Pobre Encarna. Pobre de mí. Pobre Padracos, muerto siempre en el silencio que nos pisa, nos escupe y nos machaca.

—Anda, Dolores, llama a Colino. Que me lleve al cementerio de la ciudad. He de preguntar por ella y ponerle este ramo de rosas en su sitio. Le gustaba mucho oler las rosas. Te veré después. Tengo mucho que agradecerte. Espero aquí, mientras.

Dulcedo quedam mentis advenit